飯酒
반주 : 우리술 주안상 차림
酒案床

이한숙 · 조현선 · 김정숙

디자인 소리

반주: 우리술 주안상 차림

이한숙 · 조현선 · 김정숙

인쇄 2018년 3월 15일
발행 2018년 3월 20일

발행인 김수용
발행처 디자인소리
서울 마포구 서교동 448-10
070.4366.2811
ok@dsori.com

ⓒ저자 및 사진·그림·원고의 저작자, 2018
저자 | 이한숙 · 조현선 · 김정숙
PHOTO | 김남선 · 김웅구
ILLUSTRATION ART | 디자인소리 · (주)엔파인

이 책은 Adobe CC 라이선스 프로그램으로 제작되었습니다.
이 책은 산돌구름, 산돌, 한양, 아시아, 세종, Adobe Typekit, MS 등의 라이선스 폰트로 제작되었습니다.
이 책에 사용된 모든 저작물의 권리와 의무는 해당 저작자 및 제공자에게 있습니다.
이 도서의 국립중앙도서관 출판예정도서목록(CIP)은 서지정보유통지원시스템 홈페이지(http://seoji.nl.go.kr)와
국가자료공동목록시스템(http://www.nl.go.kr/kolisnet)에서 이용하실 수 있습니다.
ISBN_978-89-97613-15-1   13590

값 18,000원

반주:
우리술 주안상 차림

design SORI

차례

I. 우리 술 빚기

제1장 우리 술 — 13
    1. 우리 술 문화론 — 14
    2. 우리 술의 기원과 유래 — 15
    3. 우리 술의 역사 — 18
    4. 우리 술의 특징 — 22

제2장 누룩 — 31
    1. 누룩(麴)이란? — 32
    2. 누룩의 역사 — 33
    3. 누룩 만들기 — 46

제3장 술의 발효 — 53
    1. 술의 발효원리 — 54
    2. 발효의 종류 — 55
    3. 우리 술의 분류 — 56

제4장 술 빚기의 조건과 순서 — 59
    1. 우리 술 빚기의 6가지 조건 — 60
    2. 우리 술 빚기의 순서 — 65

제5장 우리 술의 밑술과 덧술　　　　　　　　　69

　　1. 밑술(주모酒母, 술밑) 빚기　　　　　　　70

　　2. 덧술 빚기　　　　　　　　　　　　　　74

제6장 우리 술 빚기 실습　　　　　　　　　　77

　　1. 탁주: 단양주　　　　　　　　　　　　　78

　　2. 청주: 단양주　　　　　　　　　　　　　84

　　3. 청주: 이양주　　　　　　　　　　　　　86

　　4. 청주: 삼양주　　　　　　　　　　　　　100

　　5. 증류주: 소주　　　　　　　　　　　　　102

　　6. 혼양주　　　　　　　　　　　　　　　　105

　　7. 칵테일　　　　　　　　　　　　　　　　108

II. 명주와 주안상

1. 서울　　　　　　　　　　　　　　　　　　　　　118

　　삼해주三亥酒(燒酒)　신선로·육포　　　　　　　120
　　삼해주三亥酒(藥酒)　어채·장산적　　　　　　　124
　　이화주梨花酒　　　　겨자채·버섯전　　　　　　126

2. 경기도　　　　　　　　　　　　　　　　　　　　128

　　감홍로주甘紅露酒　두부적·임진강장어구이　　　130
　　옥로주玉露酒　　　선지해장국·너비아니구이　　132
　　문배술聞香梨酒　　양지머리편육·추어탕　　　　134

3. 강원도　　　　　　　　　　　　　　　　　　　　136

　　옥선주玉鮮酒　　　정선황기탕·느르미　　　　　138
　　오죽청주烏竹淸酒　오징어순대·메밀부침　　　　140

4. 충청도　　　　　　　　　　　　　　　　　　　　142

　　계룡백일주鷄龍百日酒　주꾸미회·돼지족찜　　　144
　　연엽주蓮葉酒　　　　　버섯탕·바지락전　　　　146
　　두견주杜鵑酒　　　　　참붕어찜·고추산적　　　148
　　한산소곡주韓山素穀酒　대하탕·동치미굴회　　　150

반주: 우리술 주안상 차림 飯酒 酒案床

5. 경상도   152

    안동소주 安東燒酒(燒酎)   안동찜닭·인삼정과   154
    교동법주 校洞法酒   문어숙회·파산적   156
    호산춘 湖山春   두루치기국·생선전   158
    하향주 荷香酒   물회·두부생채   160
    과하주 過夏酒   가오리찜·배추전   162
    부산산성막걸리   파래전·다슬기회무침   164

6. 전라도   166

    죽력고 竹瀝膏   갈비구이(생갈비구이)·꼬막회   168
    이강주 梨薑酒   돼지고기구이·쇠고기전   170
    송화백일주 松花百日酒   죽순초무침·도토리묵전   172
    진도홍주 珍島紅酒   낙지연포탕·전어구이   174

7. 제주도   176

    오메기술   고사리누름전(고사리적, 느리미선)·선복회   178
    고소리술   돼지고기산적(돼지고기적갈)·모자빈전(몸전)   181

저자소개 / 182
참고문헌 / 184

아름다운 반주문화
飯酒

식사때 한두 잔 곁들이는 술...

우리의 가양주가 반주문화로 뿌리내리기 시작한 것은 통일신라시대 때부터다.

『삼국유사』"태종춘추공조"에 당시 왕의 식사 내용에 대해 언급하고 있는데,

"왕의 식사는 하루에 쌀 서 말과 꿩 아홉 마리 먹더니,

경신년에 백제를 멸한 후로는 점심을 그만 두고, 다만 아침, 저녁뿐이었다.

그러나 계산해보면 하루에 쌀 엿 말, 술 엿 말, 꿩 열 마리였다."고 기록되어 있어

술이 상식常食으로 이용되었다는 것과 함께 식사 때 술을 겸하였다는 것을 확인할 수 있다.

이후 고려시대와 조선시대에 들어 유교를 바탕으로 한
'추원보본사상(追遠報本思想)'이 강조되자,
제주는 물론이고 반주와 접대주, 농주, 잔치술 등 다양한 용도로 이용되면서
가양주 문화는 황금기를 구가하게 된다.

양반가는 물론이고 대개의 민가에서도 가전비법의 가양주를 즐기고 성비하기에 이르렀기 때문이다.

그러던 것이 일제강점기로 접어들면서 맥이 끊기거나,

한국전쟁 이후 식량위기에 따른 양곡관리법에 의해 가양주가 밀주로 취급되면서

자취를 감춘 반가와 부유층의 가양주들이 1천여 가지에 달하게 되었다.

I. 우리 술 빚기

제1장 우리 술

제2강 술의 발효 및 술의 분류

제3장 누룩

제4장 술 빚기의 조건과 순서

제5장 우리 술의 밑술과 덧술

제6장 우리 술 빚기 실습

제1장
우리 술

1. 우리 술 문화론

1) 술의 정의

지구상의 모든 민족은 오랜 역사와 함께 그 나라의 기후 풍토에 맞는 술을 빚어왔다. 술은 인류가 만든 최초의 가공음료로, 우리나라에서도 상고시대부터 온갖 정성과 비법을 동원하여 많은 명주를 만들어 마시면서 우리만의 멋과 맛을 자랑하는 특색 있는 '가양주'가 전해져오고 있다.

술은 탄수화물이 미생물의 분해 작용에 의해 알코올을 비롯한 여러 가지 성분이 생성된 발효음료로 알코올 성분을 함유한 음료를 총칭하는 것인데, 우리나라의 주세법(酒稅法) 상으로는 알코올분 또는 주정(酒精) 함량 1% 이상의 음료로 정의하고 있다. 술의 주성분은 주정으로서, 화학명으로는 에틸알코올(ethyl alcohol) 또는 에탄올(ethanol)이라고 하며, 일반적으로 알코올(alcohol)이라고 부른다.

2) 술의 어원

술의 본래의 말은 '수블' 또는 '수불'이었다. 1103년(고려 숙종 8년)에 중국 북송(北宋)의 손목(孫穆)이 서장관(書狀官)으로 왔다가 돌아가서 견문록인 『계림유사(鷄林類事)』를 썼는데, 그 책에는 고려의 말 360여 개를 한문으로 채록해 놓고 있다. 또 『조선관역어(朝鮮館譯語)』에서도 '수본(數本, su-pun)'으로 기서되었다. 그러나 그 이후의 조선시대의 문헌에서도 'ㅂ'은 사라지고 '수을' 또는 '수울' 등으로 기록되어 있다.

'술'의 원형은 '수불'이며 '수불→수블→수을→수울→술'로 변천되었음을 알 수 있다. '수불'의 의미는 명확히 밝혀진 것이 없으나 술이 빚어지는 과정에서 그 뜻을 찾고자 하는 설이 있다. 곡물을 쪄서 식히고 여기에 누룩과 주모(酒母)를 버무려 넣고 물을 부어 얼마간의 시간이 지나면 발효가 이루어져 열을 가하지 않더라도 부글부글 끓어오르며 거품이 괴여 오르는 화학변화가 일어난다. 이러한 발효현상을 옛사람들은 신기하게 여겼을 것이다. 그래서 물에서 난데없이 불이 난다는 뜻으로 물과 불의 합성어인 '수불'이 나온 것이라고 보는 것이다. '물불'을 한자인 수(水)자를 쓴 것이다.

어느 지방 각설이 타령의 한 구절을 보면 "밥은 바빠서 못 먹고, 죽은 죽어도 못 먹겠고 술만 수울술 넘어 간다"고 한 것처럼 '술'은 술을 마실 때 술술 잘 넘어가는 모양을 형용하여 그 의성음이 '술'의 어원이라는 통속어원학설도 있다. 또 한말의 통속어원학자 정교(鄭喬, 1856~1925)는 『동언공략(東言攻略)』에서 순박하고 좋은 술맛을 뜻하는 '순(醇)'에서 비롯되었거나 손님을 접대하는 '수(酬)'에서 '술'로 되었을 것으로 보았다.

3) 주(酒)자의 기원

술의 한자적 기원을 보면, 주(酒)자의 옛 글자는 "닭, 서쪽, 익을"을 뜻하는 유(酉)자이다. 유자는 밑이 뾰족한 항아리 상형문자에서 변천된 것으로 술의 침전물을 모으기 위해서 끝이 뾰족한 항아리에서 발효시켰던 것에서 유래했다. 그 후 유자가 다른 뜻으로 쓰이게 되어 삼수변이 붙게 된 것인데, 옛 글자에는 삼수변이 오른쪽에 붙어 있다. 보통 삼수변의 글자는 자전에서 찾을 때 수지부(水之部)를 보게 되지만, 주(酒)자는 유지부(酉之部)에 들어 있다. 酉는 "지지 유", "익을 유"로 읽히는데, 원래 술항아리를 상형한 것으로 술을 뜻한다.

오늘날에는 술과 관계가 없는 것처럼 보이지만 유자가 들어 있는 글자들 중에는 애초에 술과 관련되었던 글자가 많다. 술을 뜻하는 유(酉)가 변으로 들어간 모든 한자는 발효에 관한 광범위한 식품명이다. 취(醉), 작(酌), 례(醴), 순(醇), 작(醋), 장(醬) 등이 그 예이다.

2. 우리 술의 기원과 유래

1) 우리 술의 기원

술은 인류가 만든 음료 중 가장 오래된 음료이다. 술이란 음료의 기원이 인류 사회에 있어서 민족의 형성과 더불어 원시생활이 시작된 이래 자연발생적으로 출현하였다고 보는 견해가 오늘날의 지배적인 생각이다. 동서양의 전설이나 신화에 으레 술이 등장하는 것은 그만큼 인간과 술의 관계가 오래되었음을 말한다.

신농씨

우리나라의 경우 신라의 설화 중에 단군이 백성들에게 농사짓는 법을 가르쳤다는 이야기가 전해진다. 가을에 곡식을 수확하면 높은 산에 올라가 신에게 제사를 지냈는데 새로 수확한 곡식으로 만든 떡과 술 그리고 소를 잡아 제단에 올렸다고 한다.

이 제사를 신이 가르쳐 준 방법으로 농사를 지었다는 뜻에서 신농제(神農祭)라고 했다. 이 때 햇곡식으로 빚어 제단에 올린 술을 신농주(神農酒)라고 했다. 『삼국사기(三國史記)』의 동명성왕(東明聖王)건국신화에는 술에 얽힌 다음과 같은 이야기가 있다.

"하백의 세 딸 유화, 훤화, 위화가 더위를 못 이겨 청하의 태심연에서 놀고 있었다. 이 때 천재의 아들 해모수가 세 처녀를 보고 아름다움에 도취한 나머지 가까이 하려고 계책했으나 그녀들이 응하지 않았다. 해모수는 신하의 조언대로 새로 궁궐을 짓고 술을 마련한 뒤에 그녀들을 다시 초청했다. 초대에 응한 이 세 처녀가 술에 만취한 후 두 자매는 도망치고 유화만 붙들려 해모수의 궁전에서 동침하게 되어 주몽(朱蒙)을 낳으니 이 사람이 동명성왕(東明聖王)으로 후일 고구려를 세웠다."

이 이야기에서 세 처녀에게 술을 대접했다는 점을 생각하면 그 때 이미 술이 있었다는 것을 짐작 할 수 있다. 우리나라에서도 부족국가의 형성이 이루어졌던 상고시대에 이미 농업의 기틀이 마련되었으므로 건국담에 나오는 술의 재료도 곡류였을 것이 분명하고 따라서 곡주(穀酒)였을 것이다. 곡류를 가지고 어떻게 술을 빚었는지 그 제조법에 대해서는 알 길이 없으나 누룩이 사용되기 전까지는 곡류가 스스로 상하여 술이 만들어지거나 곡식을 씹어서 침으로 당화(糖化)시켜 빚었거나 곡식을 물에 담갔다 싹을 틔워 그것을 으깨어 당화시킨 뒤에 발효시켰을 것으로 추정한다. 그리고 문학 작품 등의 기록에서도 옛 사람들의 생활을 생생하게 우리들에게 시사해 주고 있다. 『해동가요(海東歌謠)』에는 "술 있으면 벗이 없고 / 벗이 오면 술이 없더니 / 오늘은 무슨 날로 술이 있자 벗이 왔네 / 두어라 이난병(二難幷) 종일취(終日醉)를 하리라"고 했다.

옛 정치가나 시인들의 대화에 있어서 가장 중요한 것은 술이었다. 신라의 유적으로 남아있는 포석정(鮑石亭)의 터를 보면 그 전형을 볼 수 있다. 통일신라 이후에 역대 왕공(王公)들이 전복 모양으로 생긴 돌 홈의 유상곡수(流觴曲水)에 잔을 띄우고 시를 읊으며 놀이를 했다는 이곳은 귀족들의 생활과 술의 관계를 잘 보여 주고 있다.

『규합총서』와 『부인필지』에 기록된 음식총론(飮食總論)에는 음식과 술의 관계에 대하여 "밥 먹기는 봄같이 하고 국 먹기는 여름같이 하며 장(醬) 먹기는 가을같이 하고 술 마시기는 겨울같이 하라."고 하였으니 이것은 음식의 사시(四時)와 그 특색을 말한 것이다. 밥은 따뜻한 것이 좋고 국은 뜨거운 것이 좋으며 장은 서늘한 것, 술은 찬 것이 좋다는 것을 뜻한다.

술은 그 술을 빚은 고장의 기후 풍토와 생활에 알맞도록 제조되었으니 우리나라에서도 기후 풍토에 따라서 남북이 그 기호가 달랐다. 즉 북쪽 추운 지방에서는 소주류(燒酒類)를 상음(常飮)하였고 남쪽에서는 막걸리를 더 애음(愛飮)했다.

술은 신, 조상, 임금에게 바치고 손님에게 드리기도 하였지만 한편 임금이 신하에게 내리기도 하여 작(爵)은 본래 술잔이었지만 공(公), 후(候), 백(白), 자(子), 남(男) 등 5등작(等爵)의 벼슬이 여기서 나왔다고도 한다. 임금은 명절이나 축일에 술을 내려 신하들에게 상을 주었고 정초에는 모든 신하에게 주과(酒果)를 내렸으며 이를 받은 신하들은 임금에게 충성을 맹세했다.

또 남주북병(南酒北餠)이라는 말이 있으니 북촌(北村)의 부귀한 집안에서는 경제적인 여유가 있는 편이라고 하여 떡 만드는 솜씨가 발달하고 남산 밑 구차한 샌님들과 시세 없는 호반(虎班)들은 술 솜씨가 늘었다고 한다.

술은 특히 서민들과 가장 가까운 음식이 되었고 마침내는 주점으로까지 발달하게 되었다. 『고사통(故事通)』에 의하면 우리나라에 주점이 처음 설치된 것은 고려 성종 2년으로 국로의 요소에 처음으로 주점 6개를 두어 지숙음식(止宿飮食)의 편의에 이바지하게 하였고 이것이 후세에 주막이 되었다 하니 주막이 여행하는 손님을 대접하기 위해 생긴 것이 흥미롭다 손님 접대를 위해 사용되는 술은 대개 자기 집에서 손수 담궈 내는 것을 예절로 삼았기 때문에 술의 제조법에 수 없이 많은 종류를 낳게 했다.

주막(김홍도), 18세기 후반, 27.0×22.7cm

2) 술의 유래

(1) 과실주(果實酒)

원시시대에 먼저 과실주가 만들어진 이유가 있다. 인위적인 기술 없이 발효가 일어날 수 있는 조건을 갖추고 있었기 때문이다. 과일은 대개 수분이 90%가량, 당분이 10% 이상 들어있는 데다 그 껍질 부분에는 효모균이 많이 서식하고 있다. 이 세 가지, 즉 물, 당분, 효모가 존재하는 경우, 온도만 20~30℃로 유지되면 알코올 발효는 잘 일어난다. 그래서 술의 역사 중에서 과실주가 가장 오래된 것으로 본다.

(2) 원숭이 술

청대(清代) 『청패유초(清稗類鈔)』에 의하면 "광서(廣西)의 평악등부(平樂等府)의 산중에는 많은 원숭이가 살고 있어서 백과(百果)를 채취하여 술을 빚는다. 나무꾼이 산에 들어가서 그 소굴을 발견하였던 바 수백석(數百石)의 술이 있었다. 마셔보니 이상한 맛이라 이것을 원주(猿酒: 원숭이 술)라 한다."는 것이다. 이와 같은 술은 자연적으로 빚어진 천연주라 하겠다.

(3) 유주(乳酒)

유목시대에 유주(乳酒)가 만들어졌다. 유목 민족은 양유(羊乳)나 마유(馬乳)를 저어서 그대로 며칠 두었다가 걸러서 마시는데 이것은 유당을 알콜 발효시켜 유주를 만든 것이다. 유목민족은 이 유주를 음료수처럼 만들어서 마셨으며 벌꿀과 섞어 자연적으로 도수가 높은 술을 만들기도 하였다.

(4) 곡물주(穀物酒)

인류는 자연발생적으로 원시적인 술을 얻어 음용하기 시작하였으며 이러한 경험을 토대로 농경 시대에 들어서면서 곡물주를 빚는 방법을 터득하기 시작하였다. 우선 곡물의 전분을 당화시키는 데 침 속의 전분 분해효소인 프티알린(ptyalin)을 이용하는 방법이 개발되었다. 밥을 입 속에서 씹어 항아리에 뱉어 모은다. 그러면 밥의 전분은 당분으로 분해된다.

다음은 보리를 발아시킬 때 전분분해 효소인 아밀라아제(amylase)가 많이 생성되는 데서 맥아(麥芽)로 전분을 당화시키게 된 것이다. 이와 같이 하여 얻어진 당분에 자연효모가 떨어져서 알코올 발효를 하게 된다. 또 누룩은 곡물에 곰팡이와 효모를 번식시킨 것이다. 따라서 곡물에 누룩을 섞으면 곡물은 보다 효과적으로 당화하고 알코올 발효를 한다. 이에 비해 중국의 노주·화주(火酒)·청주·소주 등은 모두 누룩이라는 곰팡이 당화효소를 써서 빚는다. 중국의 양조법은 6세기 중엽에 쓴 『제민요술(齊民要術)』에 상세히 기록되어 있으며, 현재의 양조법과 큰 차이가 없을 만큼 이미 발달한 것이었다.

3. 우리 술의 역사

한국의 술의 역사는 정확하게 추정하기가 어렵고, 어떤 방법으로 술이 처음 제조되었는지 그 기원을 파악하지 못하고 있다. 다만 한국의 문화가 중국의 문화권에서 파생 전래되어 왔음을 상기하고, 술의 유래도 중국에서 연유한 것으로 추측하고 있다. 특히 고구려의 역사가 중국과의 투쟁사로 이루어지므로 그 가운데에서 술에 대한 이야기와 양조법이 전래된 것으로 보고 있다.

1) 삼국시대

삼국 시대(310~650년), 통일신라 시대(650~936년)

삼국 시대는 고구려·백제·신라의 세 나라가 정립하던 시대이다. 이 삼국시대는 문헌상으로는 B.C. 1세기경에 시작된 것으로 되어 있으나, 이때는 아직 왕국을 형성하지 못한 원삼국시대(原三國時代)이었다. 따라서 4세기경부터 7세기의 삼국통일 이전을 삼국시대라고 한다.

삼국·통일신라시대의 구체적인 술 빚기는 우리나라에 아무런 자료가 없기 때문에 중국의 『제민요술(齊民要術)』이나 우리에게 술 빚기를 배운 일본의 기록을 통하여 짐작할 수밖에 없다. 우리나라에서는 고려시대의 사원에서 술을 빚어서 팔았다는 기록이 있으나 일본의 기록으로 미루어 우리의 삼국·통일신라시대에도 역시 사원에서 술을 빚어 판매하였을 것이다.

(1) 고구려

고려시대로 내려오면서 차차 술의 종류에 대한 기록들이 눈에 띄기 시작한다. 중국 고문헌에 보면 『태평어람(太平御覽)』 속의 곡아주(曲阿酒)와 고구려 여인 『태평어람』권(卷)46 지부(地部) 패선산(霸船山)에 다음과 같은 전설이 실려 있다. "『양무여하동행기(梁武與賀東行記)』에 말하기를 단도(丹徒)에 고려산(高麗山)이 있는데, 전하는 바에 의하면 옛날 고구려 여인이 이곳에 왔을 때 동해신(東海神)이 술을 가지고 와서 그 여인을 맞이하고자 하는데 이에 응하지 않자 노한 동해신이 술동이를 뒤엎어 버리니 술은 곡아호(曲阿湖)에 흘러 들어갔다. 그래서 곡아주(曲阿酒)는 맛이 좋다."는 것이다. 곡아(曲阿)는 강소성(江蘇省)의 단양현(丹陽縣)으로서 남경의 동쪽에 있다. 중국 강남에서 고래로 유명한 곡아주에 선장양(善藏釀)의 전통있는 발효식품의 나라 고구려 어인의 사연이 얽혀 있다.

(2) 백제

일본의 『고사기(古事記)』에는 응신천황(應神天皇)(270~312)때 백제에서 인번(仁番, 수수보리 또는 수수코리)이라는 사람이 와서 누룩을 써서 술을 빚는 새로운 법을 가르치고서 일본의 주신(酒神)이 되었다고 한다. 응신천황은 수수코리가 빚은 술에 취해서 "수수보리가 빚어 준 술에 내가 취했네 마음을 달래 주는 술 웃음을 주는 술에 내가 취했네"하고 노래를 불렀다고 한다.

일본의 교토 다나베에는 시가 신사가 있는데 이 신사의 제신(祭神)은 수수코리라고 한다. 그리고 이 신사의 북쪽에 사카야 신사가 있고 주전(酒殿)을 세웠는데 여기가 술을 만들었던 장소라고 한다.

(3) 신라

문헌속의 신라 주(新羅酒)는 『해동역사(海東繹史)』와 『지봉유설(芝峰類說)』에서는 당대(唐代) 이상은

(李商隱)의 시(時)를 소개하고 있다. "한 잔 신라주의 기운이 새벽바람에 사라질까 두렵구나." 당 시대의 중국시인들이 신라주를 노래하고 있으니 신라의 술이 중국에까지 명성을 날렸던 것 같다. 『해동역사』에서는 이것을 풀이하여, 고려주란 바로 신라주 라고 하였다. 『제민요술』에 의하면 다채롭게 술을 빚고 있었으나 대부분이 기장술 이었다. 신라에서는 멥쌀을 원료로 하고, 또 누룩을 써서 독특한 좋은 술을 빚고 있었다는 것을 짐작케 한다. 『삼국유사』 태종춘추공조(泰宗春秋公條)에 의하면 신라 무열왕은 식량으로 하루에 쌀 서 말, 꿩 아홉 마리가 필요했는데 통일 후에는 점심이 없어지고 하루 두 끼니가 되었으나 하루에 쌀은 여섯 말, 술 여섯 말, 꿩 열 마리가 소요되었다고 한다.

2) 고려시대의 술

고려시대에는 송·원대의 양조법이 도입되었으며, 전래의 주류 양조법이 발전되어 국(누룩)의 종류도 소맥국(小麥麴)과 미국(米麴)으로 이루어질 뿐 아니라 주품(酒品)도 다양해졌다. 고려사에 의하면 고려 문종(1046년)때 왕이 마시는 술은 양온서(釀署)를 두어 빚어졌는데 청주와 법주 두 종류로 구분되어 질항아리에 넣고 명주로 봉하여 저장해 둔다 하였다.

청주(淸酒)는 한자 그대로 풀이하면 맑은 술로서 탁주(濁酒)인 흐린 술과 크게 대별되는데 『동국이상국집』의 시 속에 "발효된 술덧을 압착하여 맑은 청주를 얻는데 겨우 4~5병을 얻을 뿐이다."라 하였고, 『고려도경 (高麗圖經)』에서는 "고려에는 찹쌀이 없기에 멥쌀로 술을 빚는다. 고려의 술은 맛이 독하여 쉽게 취하고 빨리 깬다. 서민들은 맛이 박하고 빛깔이 짙은 술을 마신다. 잔치 때 마시는 술은 맛이 달고 빛깔이 짙으며 사람이 마셔도 별로 취하지 않는다." 등으로 고려의 술을 평하고 있다.

고려 후기에 들어서면서 증류주 문화가 유입되는데 이는 몽고의 침입(1274년)으로 소줏고리의 이용방법이 도입되면서 급속하게 발전하여 청주, 탁주, 증류주의 3대 주종이 완성되었다. 술의 종류에 대한 기록을 『계림유사(鷄林遺事)』 등에서 찾아볼 수 있다. 또 당대의 풍류객으로 유명한 이규보(李奎報)의 글 가운데 소개된 술 종류로는 이화주(梨花酒)·자주(煮酒)·백주(白酒)·방문주(方文酒)·춘주(春酒)·천일주(千日酒)·화주(花酒)·녹파주(綠波酒)·파파주(波把酒)·천금주(千金酒)·초화주(椒花酒) 등이 있다.

3) 조선시대의 술

조선시대는 고려시대의 양조기술과 음주유형을 바탕으로, 양조기술이 한층 다양성을 띠게 되었으며, 술의 종류와 품질 면에서는 다양화와 고급화 현상이 나타났다. 술의 원료로 찹쌀을 쓰기 시작했고 원료가 많이 드는 증류주가 상류층의 사랑을 받았다. 증류주의 발달은 해외로까지 이어져 수출과 양조기술 전달까지 이어졌다. 한편 조선시대는 지방 토속주의 전성기라 할 만큼 수많은 술들이 등장했으며, 술 만드는 법을 기록한 문헌도 대거 쏟아져 나왔다.

조선시대에는 술의 제조법을 기록한 문헌이 많이 남아 있어서 술 빚기에 관하여 문헌상으로 체계를 세울 수 있다. 조선시대의 술은 우선 발효주와 증류주로 크게 나누어진다. 발효주와 증류주의 두 가지를 혼용한 술, 약재나 꽃향기·색소·감미료 등을 첨가한 재제주(再製酒), 특수한 방법으로 만든 술 등으로 나눌 수 있다.

고급약주인 삼해주의 술밑을 증류하여 얻은 소주도 나오게 되었다. 그리고 과하주(過夏酒), 송순주와 같은 소주와 약주의 중간형인 술도 있었다. 이와 같이 조선시대의 술은 누룩이나 빚는 방법이 지방에 따라, 가정에 따라 달라서 자랑할 만 한 술이 매우 많았다. 소주는 조선시대에 접어들면서 더욱 발전하였다. '는지'로 만들던 소주도 흙으로 된 고리와 구리로 된 고리를 이용하여 만들게 되었다. '약현'이라 불리던 서울 마포 공덕리 같은 데서는 대량의 소주를 만들었으며, 고려 때부터 유명하였던 안동소주의 명성은 더욱 높아졌다.

4) 일제강점기 시대의 술

1876년 강화도조약이 체결된 이후, 일본의 양조기술이 도입되면서 일본식 탁주와 청주도 만들어지게 되었다. 특히 일본의 청주는 상품명의 하나인 '정종(正宗)'이라는 이름으로 널리 퍼졌다. 1905년 일본에 의해 을사조약이 강제로 체결되면서, 일제의 수탈 작업이 시작되는데, 그 과정에서 제일 먼저 세금원의 공작대상이 되었던 것이 우리의 술이었다.

1907년 9월에는 주세령의 강제집행이 시작되면서, 우리나라 전통주는 말살되기 시작한다. 1910년 한일합방 이후 '주세법'을 개정하여 과도기적으로 운영하다가 1916년 '주세령'을 시행하면서 조선의 주조업을 본격적으로 정리하기 시작했는데, 술에 대한 세금을 인상하고 철저히 부과하여 주세수입을 대폭 증액시키고 전국 각지의 군소 양조장을 통폐합하였으며 집집마다 술을 빚어 마시던 전통을 서서히 차단하고 밀조주(密造酒)에 대한 단속을 강화한 것이다. 이로써 우리 민족의 가양주를 빚는 전통은 송두리째 파괴되었다.

5) 해방 후의 술

대중주의 시대1945년 해방 이후에도, 조선총독부 시절 주세행정의 골격은 대부분 유지되었다. 1965년 1월에 발표된 정부의 '양곡관리법'은 식량난 해소를 위해 쌀을 술의 원료로 쓰는 것을 금지했다. 이로써, 다양한 우리 술의 전통은 단절됐다. 가장 고급한 술이었던 소주는 주정(酒精)에 물을 희석해 만든 희석식 소주로 대체됐고, 옛 증류주는 잊혀졌다. 그러나 1988년 서울 올림픽을 계기로 우리 술에 대한 관심이 높아지고, 1990년부터는 쌀막걸리도 다시 생산되면서 우리 술은 점차 활로를 찾아나가고 있다.

4. 우리 술의 특징

1) 우리 술의 다양성

우리 술은 가양문화에 따른 특징이 두드러지게 나타난다. 술의 품질이 다르게 나타나는 것은 원료에 따라 그 품질이 다르기 때문이다. 우리의 전통주는 우리가 주식으로 삼는 곡물을 주재료로 하는 것이 특징이다. 멥쌀, 찹쌀, 보리, 밀, 수수, 조, 기장, 옥수수, 고구마, 감자, 메밀 등 주재료에 따라 각각의 술의 종류가 다르다. 이들 곡주는 우리의 체질에 가장 맞는 것으로 나타난다. 또 같은 주원료라도 그 주원료를 어떻게 처리하여 빚느냐에 따라 맛과 향이 천차만별로 다양하게 나타난다. 또 술은 주재료 외에 부재료를 넣느냐에 따라 그 품질은 다르게 나타난다. 또 술은 발효제인 누룩의 종류에 따라 그 품질이 달라진다. 예전에는 다양한 재료로 만든 누룩이 존재했다. 쌀누룩, 보리누룩, 밀누룩, 녹두누룩, 그밖에 여러 곡물이 들어간 누룩이 있었다. 그러나 밀누룩이 주종을 이루었다. 또 지방마다 물맛이 다르니 같은 곡물로 같은 누룩을 만들어서 빚든 약주라 하더라도 술맛이 달라질 수밖에 없다. 또 대개의 술 빚기는 누룩과 고두밥을 주재료로 일정한 온도와 기간을 거쳐 발효가 이루어지는데 이와 같은 가정을 몇 번 반복하느냐에 따라 단양주(單釀酒)외에 이양주, 삼양주 등 중양주(重釀酒)가 있으며 12양주까지의 술 빚기가 있는데 이에 따라 술의 품질이 달라진다. 또 술이 익는 기간에 따라 일야주(一夜酒)를 비롯하여 일일주, 삼일주, 칠일주, 백일주, 천일주 등이 있다.

우리나라의 술이 이와 같이 다양한 형태로 만들어졌던 이유는 무엇보다도 가양주(家釀酒)의 발달에 의한 것으로 볼 수 있을 것이다. 즉 우리나라는 예로부터 가정에서이 술을 빚어 마시는 풍습이 뿌리를 내려왔는데 그로 인해 다양한 종류의 술이 만들어졌을 것이다. 즉 우리 술의 뿌리가 조상 대대로 가문과 집집마다의 비법으로 대물림해 온 데 따른 것이다. 만약 일찍부터 공장에서 제품화하여 소비자에게 판매하기 위하여 대량생산을 했다면 결코 다양한 술의 종류가 나올 수 없었을 것이다.

2) 우리 술의 계절성

우리나라의 전통주는 계절에 따른 산물을 이용해 술을 빚는 경우가 많았다. 우리나라의 가양주는 거의 대개가 절기주(節期酒) 곧 계절성이 강한 술이라고 할 수 있다. 다시 말해서 네 절기에 특별히 술을 빚어 별식과 함께 즐겼던 것이다. 이와 같이 우리의 전통주는 계절감각과 풍류가 깃들어 있다.

우리나라는 1년 열두 달 계절변화에 따른 명절과 세시풍속이 형성되었던 만큼 네 계절에 산출되는 재료를 이용하거나 자연의 변화에 따른 술 빚기가 발달하게 되었다. 이와 같이 우리 조상들이 절기주를 즐긴 것은 자연의 변화에 순응하면서 자연의 변화를 느끼고 그에 따른 풍류를 즐겼기 때문이었을 것이다. 또 계절의 변화에 따른 절기주가 등장하면서 세시풍속에 따라 서로 모여 잔치와 놀이를 즐기는 동안 친척과 이웃 사람 사이에 정이 깊어지고 공동체를 형성하게 해 주는 매개물로 상징되었다. 사

계절에 따라 또 명절을 중심으로 조상의 은혜에 감사하여 잔치의 놀이로 이웃과 정을 나누려고 할 때 술은 예외 없이 등장했다.

(1) 정월 - 설날, 도소주(屠蘇酒)

정초에 마시던 술을 도소주라 하였는데, 정월 초하룻날에 이 술을 마시면 일 년 간의 사기를 없애 오래 살 수 있다고 한 인연에서 빚어 마셨던 것이다.

도소주는 위나라 때 화타라는 중국의 명의가 만들었다고 전한다. 진시대「형초세시기」에 정월 초하룻날 온 집안이 함께 모여 차례로 세배하고 나이 적은 사람부터 이 도소주를 마신다 하였으니 도소주의 유래는 오랜 옛날부터 시작되었다.

도소주의 제조법은 별도로 있었지만 보통은 집 지을 때 천정에 도소풀을 그려 붙이면 좋다는 미신에서 이 풀을 그려 붙였는데, 이러한 도소를 그려 붙인 집에서 만든 술을 도소주라 한다. 이 술의 기본 제조법은 찹쌀과 흰 누룩으로 청주를 만들고 이 속에 진피(귤껍질), 육계피, 백출, 방풍, 산초, 도라지 등을 함께 합쳐 분말을 만들어 술이 고이기 시작할 때 넣어둔다. 이것을 술이 다 고인 후 맑아지도록 두면 조금 끈끈한 뒷맛이 있고 또 감미가 돌게 된다. 약재를 넣어 빚은 도소주는 보통 차게 해서 마시는데,「경도잡지」에는 "술을 데우지 않는 것은 봄을 맞이하는 뜻이 들어 있는 것"이라고 하여 영춘(迎春, 봄맞이)의 뜻을 가지고 있다.

(2) 정월대보름 - 귀밝이술, 이명주(耳明酒)

이명주는 음력 정월 보름날 아침 오곡밥을 먹기 전에 귀가 밝아지라고 마시는 술이다. 귀밝이술을 한자로는 이명주(耳明酒)라 하며, 음용법은 데우지 않고 차게 마시는 것이 특징이다. 술을 못 마시는 사람도 누구나 한 잔씩 마신다. 귀밝이술을 마시면 일 년 동안 귀가 밝아지고 좋은 소식을 듣게 된다는 것이다. 어린이에게는 귀밝이술의 잔을 입에만 대게 한 뒤 그 술잔을 굴뚝에 붓는 풍속이 있었는데, 부스럼이 생기지 말고 연기와 같이 날아가 버리라는 뜻에서 연유되었다.

(3) 2월 중화절 - 막걸리·농주(農酒)

농가에서는 2월 1일 농사 준비를 앞두고 머슴이 하루를 즐겁게 지내도록 하기 위하여, 주인은 떡과 술을 내어 노래와 춤으로 하루를 지내게 하고 주먹만 하게 노비송편을 만들어 노비의 나이수대로 먹는 풍속이 있다.

술은 농경의례(農耕儀禮), 잔치, 제사, 각종 행제(行祭)에 필수음식으로서, 전통주 중에서도 특히 막걸리는 오랜 세월 우리 민족의 삶과 함께 해온 소박하고 친근한 술이다. 열심히 일한 후 마시는 막걸리 한 사발은 허기를 면하게 하고 기운을 북돋워 주는 일꾼들의 피로회복제였다.「고려도경(高麗圖經)」에 술의 색이 무겁고 독하면 빨리 취하고 빨리 깨고, 누룩으로 빚었다고 하며, "조정에서는 맑은 술을 민가에서는 맛이 묽고 색이 진한 술을 주로 마셨다."는 기록으로 보아 청주와 탁주의 종류가 있었음을 알 수 있다.

(4) 삼월 삼짇날 · 청명일 · 한식 - 두견주(杜鵑酒) · 청명주(淸明酒)

삼월 삼짇날에는 각 가정에서는 솜씨를 발휘하여 술을 빚어 마셨다. 이때 술의 재료는 쌀 뿐만 아니라 봄에 피는 꽃, 초근목피 등을 써서 특이한 술을 만든다. 삼짇날 장을 담그면 맛이 좋다고 하여 장을 담고 풍년을 기원하는 농경제(農耕祭)를 지냈으며, 활쏘기, 닭싸움을 즐기고 진달래꽃을 뜯어다가 화전을 빚고 진달래술을 빚었다. 이 술을 '두견주'라 한다.

청명주는 음력 3월의 청명일(淸明日)에 마시는 술이라서 청명주라 부른다. 청명주는 20여 일 동안 발효시켜 빚어내는 청주로써 엿기름을 사용하여 단 맛을 내기 때문에 많은 사람들이 즐겨 마셨다고 한다. 청명주는 한식일의 제주(祭酒)용으로도 많이 쓰였고 두견주, 도화주, 과하주, 이강주 등도 많이 쓰였다.

(5) 단오절 - 창포주

농사일이 한창일 때 일의 능률을 높이기 위하여 만든 두레 또는 품앗이라는 것으로 호남지방에서 협업체제의 일환으로 성행하였다. 농주에 사용된 재료로는 강원도는 옥수수, 제주도는 좁쌀을 원료로 한 오메기술, 기타지역에서는 누룩과 쌀로 빚어 술을 제공하였다.

창포주는 음력 5월5일 단오일(端午日)의 술을 말한다. 우리나라에서는 단오는 설날, 한식, 추석과 함께 4대 명절로 여겨져 왔다. 그 이유는 만물의 생기가 가장 왕성한 시기이기 때문이다. 특히 창포주는 단오일의 행사용 술인 동시에 창포의 향기가 모든 나쁜 병을 쫓는 것으로 믿어왔다. 그때의 술 이름을 액(厄)막이 술이라 하였다.

(6) 유두 - 탁주(濁酒)

유두(流頭) 무렵은 햇과일이 나고 곡식이 여물어 가는 시기이므로 조상과 농신에게 햇과일과 정갈한 음식을 천신(薦新)하고 풍년과 안녕을 기원했다. 이때 곡주인 탁주를 마시고 맑은 물에 목욕을 하며 풍류를 즐겼다.

「열양세시기(洌陽歲時記)」(1819년)에는 "고구려와 신라 때 우리나라 남녀가 모두 술과 음식을 갖춰 동쪽으로 흐르는 물가에 가서 목욕을 하고 상서롭지 못한 것을 없앴는데, 이것은 옛날 진(秦)·유(洧)의 풍속과 같다. 그래서 그 날을 유두라고 한다. 뒷날 이 풍속이 없어졌지만 후대로 내려오면서 명절이 되어 지금까지 그대로이다."라고 기록되어 있다.

6월15일 문사(文士)들이 술과 고기를 장만하여 계곡이나 수정을 찾아 풍월을 읊으며 하루를 즐겼는데 이것을 유두연(流頭宴)이라 한다. 또 맑은 물에 머리를 감으며 '동류어욕발(東流於浴髮)'의 시를 읊었다.

(7) 백중 - 막걸리·농주(農酒)

7월15일이 백중일로서 조상의 사당에 천신(薦新)하고 맛있는 주효(酒肴, 술과 안주)를 갖추어 가무로 하루를 즐긴다. 이때 마을에서 곡식이 가장 잘 된 집의 머슴을 뽑아 일을 잘했다고 칭찬을 하고 술을 권하며 삿갓을 씌워 소에 태워 마을을 돌아다니게 하고 그 집의 주인은 마을 사람들에게 술대접을 하는데 이 때 마시는 술을 농주(農酒)라 하고 이날을 '머슴날' 이라고도 한다.

백중날의 풍습 중 호미 씻는 풍습이 있는데 이것은 농사가 다 끝나고 밭에 나가 김을 맬 일이 없어져 농사 때 사용하던 호미를 깨끗이 씻어 다음 해 농사가 시작될 때까지 잘 정리해 두었다.

(8) 추석 - 신도주(新稻酒)

음력 8월 15일은 한가위, 추석, 가배, 중추절 등으로 불리는 날로써 또 이 날은 성묘의 날이기도 하다. 햇곡식으로 떡도 하고 술도 빚어 차례를 지내고 이웃과 서로 나눠 먹으며 성묘를 하는 날이다. 우리 조상들은 그 해 처음 거둬들인 햇물을 반드시 천신(薦新)하는 풍속이 전해오는데, 이때 오려송편과 함께 햅쌀로 빚은 술을 차례(茶禮)상에 올린다.

이때 빚었던 술은 햅쌀로 빚은 신도주(新稻酒)로 찹쌀과 누룩을 원료로 한 동동주로서 쌀알의 흔적이 동동 뜨고 감미가 있어 누구나 쉽게 만들 수 있으므로 많은 사람들에게 친숙한 술이었다. 신도주에 대한 기록은 조선 후기의 「조선무쌍신식요리제법(朝鮮無雙新式料理製法)」(이용기, 1924년)에 처음 소개되는데, 술 이름만 수록되어 있을 뿐 제조 방법이 나와 있지 않다. 그런데 이보다 훨씬 앞서는 문헌 「양주방(釀酒方)」에는 신도주의 한글 표기를 '햅쌀술'이라 하여, "햅쌀 한 말을 가루 내어 흰 무리떡을 찌고 끓인 물 두 말을 독에 붓고, 흰무리 찐 것을 독에 넣어 더울 때 고루 풀고, 다음 날 햇누룩가루 서 되와 밀가루 세 홉을 섞어 버무려두었다가, 사흘 후에 햅쌀 두 말을 쪄서 식힌 후에 끓인 물 한 말과 함께 밑술과 합하여 열흘 후에 맑게 익으면 마신다."라고 기록되어 있다.

(9) 중양절 - 국화주(菊花酒)

일 년 중 기운이 가장 왕성한 날인 음력 9월9일은 중양이다. 이때 사람들은 떼를 지어 산이나 계곡을 찾아가 감국(甘菊)을 따서 국화전을 지져 먹고 술에 취하며 하루를 즐겼다. 국화를 넣어 빚은 국화주를 즐기기도 하였다. 국화주는 두견주와 더불어 가장 대표적인 절기주로 평소에 빚어 마시는 가양주에 국화를 넣어 계절감을 즐겼다.

(10) 상달 - 탁주(濁酒)

일 년 농사가 마무리되고 햇곡식과 햇과일을 수확하여 하늘과 조상께 감사의 예를 올리는 기간이다. 따라서 10월은 풍성한 수확과 더불어 신과 인간이 함께 즐기게 되는 달로서 열두 달 가운데 으뜸가는 달로 생각하여 상달(上月)이라 하였다는 기록이 있다.

음력 10월15일을 전후하여 5대조까지의 제사를 한꺼번에 지내며 제물(祭物)은 후손 중에서 만들거나 산지기가 제실을 장만하는데 반병(飯餠)과 주찬(酒饌)을 마련하여 집단으로 지낸다. 이때 후손들이 모여 조상께 제(祭)를 올리고 복하고 음식을 골고루 나누어 먹는 풍속이다. 계절주로 호박술을 빚고 무나물 등을 해 먹는다.

(11) 동지 - 탁주(濁酒)

　　동지라고 하여 팥죽을 쑤어 먹거나 겨울철의 월내시식으로서 지방마다 신곡물과 특산물로 음식을 장만하여 시식한데서 유래되었다. 「고려사(高麗史)」에는 동짓날을 만물이 회생하는 날이라고 하여 고기잡이와 사냥을 금했다는 기록이 있으며, 동짓날 날씨가 따뜻하면 다음 해에 질병이 많아 사람이 많이 죽고, 눈이 많이 오고 날씨가 추우면 풍년이 든다고 믿었다.

(12) 납일 - 맑은술(淸酒)

　　납일은 동지 후 3번째 미일(未日)로서 이날은 한 해 동안의 일이나 농사의 결실을 종묘사직에 대제를 올리기도 하고 왕께 진상하여 관청에서 음식을 만들어 상호교환하며 즐겨 마셨던 데서 유래하였다. 납일에 오는 눈을 '납설수(臘雪水)'라 하여 약용으로 썼는데 이물로 술을 담그면 쉬지 않고, 차를 끓이면 차 맛이 좋으며, 해독약으로도 좋은 효과가 있다고 믿었으며, 이 물로 담근 장으로 간을 맞춘 음식은 쉬지 않으며, 여름에 화채를 만들어 마시면 더위를 타지 않는다는 기록이 있다.

3) 우리 술의 색(色)과 향(香)과 맛(味)

우리의 전통주는 자연의 풍미(風味)를 지니고 있다는 특징을 가지고 있다. 즉 자연스러운 빛깔과 자연의 향과 맛을 지니고 있다. 우리의 전통주는 그 향과 맛이 서양의 술과는 다르다. 서양의 술은 향기를 중요하게 여기지만 그 향기는 주로 술의 원료에 따라 결정된다. 그러나 우리나라 사람들은 주재료인 곡물과 누룩에서 저절로 생겨난 자연의 향과 맛을 중요하게 여겼다.

즉 곡물과 누룩만으로 빚은 술인데도 그 향기와 맛은 본디 곡물이나 누룩에서는 맡을 수 없는 전혀 다른 천연의 향기와 맛이 나는 것이다. 과실주가 아닌데도 은은한 향기를 느낄 수 있는 것이 한국의 전통주인 것이다. 우리 술의 특징은 향이 깊고 순한듯하면서도 은근하게 올라오는 취기로 인해 술을 마시는 흥취가 있으며 숙취가 없이 빨리 깨고 뒤끝이 깨끗하다는데 있다.

(1) 색(色)

전통 약주의 색은 대체로 호박색(琥珀色) 또는 황금색을 띠지만 색에서 짙은 다갈색을 띄는 것 까지 다양하다. 일반적으로 색이 짙을수록 진한 맛이 나며 오래된 술이고 그 색이 옅을수록 담백한 맛을 갖고 있다. 일반적으로 술은 오래된 것이 좋다고 생각하나 곡물 발효주는 6개월을 넘기지 않는 것이 좋다.

(2) 향(香)

맛은 단순히 미각만으로 구성되는 것이 아니고 향기나 촉감도 주요한 요인이 될 수 있다. 술의 경우에는 특히 향기를 중시한다. 술에 포함되어 있는 냄새나는 물질은 수없이 많다. 그러나 전통 약주에는 크게 나누어 두 가지의 향이 있다.

첫째는 과실향으로 잘 발효된 전통주에서는 과실을 사용하지 않았는데도 과실향이 난다. 전통주에서 즐길 수 있는 향기는 주로 복숭아, 사과, 수박, 포도, 딸기, 자두, 홍시, 배, 매실, 살구와 같은 천연의 과실이며 이들 향기는 한 가지가 아닌 두세 가지가 어우러져 나타나므로 딱히 무슨 향기라고 단정 짓기가 힘들 만큼 복잡한 것이 특징이다. 이 과실향은 대개 저온 발효 숙성시킨 전통주에서 찾아볼 수 있는데 이 향기는 누룩의 밀기울 성분이 발효되면서 생성된다.

둘째로 누룩의 독특한 향으로 구수한 느낌의 냄새이다. 적당한 누룩의 향기는 품격 높은 전통주에서 빼놓을 수 없는 향이지만 이 향에 익숙하지 못한 일부 사람들은 다소 거부감을 느끼기도 한다.

(3) 맛(味)

전통주에는 단맛, 짠맛, 신맛, 떫은맛, 구수한 맛, 쓴맛과 매운맛, 그리고 청량미(淸凉味)의 7가지 맛이 있으며, 좋은 술은 7가지 맛이 두드러지지 않고 함께 어우러져 잘 조화된 복잡 미묘한 감칠맛을 으뜸으로 여긴다.

(4) 단맛

술맛의 관한 표현으로 가장 잘 사용되는 말은 감미이다. 전통주의 감미는 술의 진액분의 약 반을 차지하는 포도당이 포함된 비율에 따라 단맛의 감이 달라지는 것이다. 또 포도당이 몇 개 결합한 올리고당에도 온화한 단맛을 가지는 것이 있고 아미노산 중에도 단맛을 내는 것이 있다. 에틸알코올 등은 신미(辛味)와 함께 단맛도 낸다.

(5) 신맛

전통주의 신맛은 호박산, 젖산, 능금산, 구연산 등 누룩 속의 미생물 종류와 발효과정에서 발생한 다양한 유기산에 의한 맛인데 그 맛에는 각각 특징이 있다. 호박산은 구수한 맛이 있는 중후한 산미로 술의 주요 산 중의 하나이다. 젖산은 감칠맛을 느끼게 하는 산으로 대부분 주모(酒母)에서 유래한다. 능금산은 상쾌한 산미이며 효모에 따라서는 능금산을 많이 생산하는 것이 있다. 구연산은 밀감의 산으로도 알려져 있는 산미이다.

(6) 매운맛

매운맛의 최대의 성분은 에틸알코올이다. 알데히드는 찌르는 듯한 매운맛을 내며 에틸에스텔, 산류도 맵게 느껴진다.

(7) 쓴맛

쓴맛은 일반적으로 좋아하지 않으나 적절한 양이면 술맛을 조화롭게 하고 식욕을 돋우는 작용을 하며 뒷맛이 깨끗한 술이 된다. 아미노산의 대부분은 쓴맛으로 나타난다. 별도로 약재를 원료로 한 술의 경우에도 약초류의 쓴맛이 영향을 주기도 한다.

(8) 떫은맛

떫은맛은 생강이니 도토리에서 많이 느낄 수 있는 맛으로 사람에게 불쾌감을 줄 수도 있다. 술의 약간의 떫은맛은 유기산의 일종인 젖산에서 나온 맛이다. 역가가 낮은 누룩이나 입국을 사용한 술은 떫은맛이나 쓴맛이 나기 쉽다.

(9) 짠맛

나트륨, 칼륨, 마그네슘, 칼슘 등의 무기염류의 맛이다. 담금수의 가공이나 발효촉진을 위해 염류 첨가를 지나치게 하면 스포츠 음료와 비슷한 맛이 난다.

(10) 구수한 맛

구수함은 곡물 발효주인 술의 특징적인 맛으로 매우 중요한 요소이다. 구수한 맛은 곡물, 특히 곡물의 피질인 기울에 많은 단백질이 아미노산으로 분해되면서 나타난다. 대채로 이 구수한 맛은 술이 숙성되어 가면서 강해지는 경향이 있다.

(11) 청량한맛

술의 청량미는 발효 온도와 매우 밀접한 관계가 있다. 일반적으로 저온에서는 단맛은 감소하고 신맛이 증가하며, 알코올의 자극성과 구수한 맛이 감소하고 청량감은 증가한다.

4) 우리 술의 기능성과 약리성

우리 술의 특징 중 기능성과 약리성이 뛰어나다. 우리 조상들은 약을 복용하기 위한 수단으로, 더러는 약재를 저장할 목적으로 술을 만들어왔다. 술에 약재를 넣음으로써 그 약용성분을 우려내는 등 독특한 양조기술을 발달시켜 왔으며 술의 폐해를 최소화하려는 노력을 하였다.

또 탁주나 청주를 증류시켜 만든 소주에 각종 한약재를 넣어 그 약용성분을 이용하는 약용 목적의 혼성약주(混成藥酒)를 만들어 건강에 도움을 주고 병을 치료하는 등 뛰어난 약주기술을 자랑해 왔다.

제2장
누룩

1. 누룩(麴)이란?

누룩이란 '곡물에 곰팡이류(fungi)를 번식시킨 것으로 녹말이 포함된 재료를 당화 시킬 수 있는 것'을 말하며 국을 한자로 '麴(누룩 국)' 또는 '麯(누룩 곡)'으로 표기하며 약자로 '曲(굽을 곡)'자로 표기하기도 한다. 생곡을 물과 같이 반죽하여 성형해 두거나 곡물을 쪄서 적당한 온도와 습도를 유지시켜 두면 자연 상태에 존재하는 각종 곰팡이가 번식한다. 곰팡이는 곡물에 효소를 분비하고, 이 효소에 의해 곡물 속의 녹말, 단백질, 지방등을 분해하고 곰팡이는 분해된 영양성분을 흡수하여 생장과 증식을 한다. 그러므로 누룩이란 곰팡이가 분비한 효소를 이용하는 발효제이다.

우리 술에 이용되는 전통누룩은 밀을 중심으로 쌀이나 각종 곡물을 이용하여 만드는데 파쇄된 곡물에 최소량의 물을 썩어 단단하게 뭉쳐서 자연 상태에서 곰팡이와 미생물 등을 번식시킨다. 곰팡이류는 번식을 하는 중에 분비되는 효소를 만들어 내고 공기 중의 미생물(효모등)들이 누룩 속에서 증식을 하게 된다. 술을 빚을 때 누룩속의 효소가 쌀 속의 전분(탄수화물), 단백질, 지방 등을 포도당, 아미노산, 지방산등으로 분해하는 일을 하는데 대표적으로 전분분해효소가 전분을 포도당으로 당화시키는 일을 주도적으로 하고 있으므로 효소원이며 , 누룩속의 효모는 분해된 당분(포도당)을 이용하여 알코올 발효에 관여하여 발효원이다. 그러므로 우리의 전통누룩은 '효소제인 동시에 발효세'라 할 수 있다.

누룩은 곡자, 국얼, 국자, 주매, 은국이라 불리 우고 표준국어대사전(14)에는 '술을 빚는 데 쓰는 발효제. 밀이나 콩을 찐 콩 따위를 굵게 갈아 반죽하여 덩이를 만들어 띄워서 누룩곰팡이를 번식시켜 만든다.'라고 설명되어 있다. 누룩이란 말이 언제 생겨나서 쓰이기 시작했는지는 알 수 없으나 발로 단단하게 눌러 밟아 만드는 것으로 보아 '누르다'라는 동사에서 시작했을 것으로 추정해본다.

국세청기술연구소(1971)에서 편찬한 "탁·약주 제조 방"에는 '곡자란 날 곡류 자체가 함유되어 있는 효소와 날 곡류에 리조프스(거미줄곰팡이, Rhizopus)속, 아스페르기루스(Aspergillus)속, 압시디아(Absidia)속, 무코올(털곰팡이, Mucor)속 등의 사상균과 효모 및 기타 균류가 번식하여 효소류를 생성 분비하고 있는 발효제이며 다량의 효모를 지니고 있으므로 주모의 역할을 겸한 발효제의 일종이다.'라고 정의 되어있다.

우리나라 누룩에 관한 고문헌에는 누룩을 곡(麴)이라 표현하였고, 중국에서는 곡(麯), 곡(曲), 또는 국(麴)이라 한다. 우리 누룩과 중국 누룩을 곡(麴)이라 사용하고 있으며 중국에서도 우리와 같이 곡(누룩)을 생밀가루 반죽을 자연 상태에서 띄워 일본의 국(麹)과는 다른 방법으로 제조하고 있다.

2. 누룩의 역사

누룩은 술을 빚는 데 기본이 되는 것으로, 춘추전국시대에 처음 만들어진 것으로 알려져 있다.

1) 고대중국의 누룩

(1) 제민요술에 수록되어 있는 고대중국의 누룩

『제민요술』속의 누룩을 살펴보면 현재 동아시아에서 양조용으로 만들어지는 대부분의 발효제가 모두 발견된다. 오늘날 일본과 한국에서 많이 사용되고 있는 입국형태의 산국(散麴)을 비롯해 맥주 양조용 발효제도 함께 소개되어 있으며 곡물은 날곡을 사용하기도 하고 익혀서 사용하기도 하였다.

고대중국의 누룩을 기술한 고문헌

책명	편자	연대	주요내용
서경 (書經, 28권)	공자	전국시대 (BC300~500년)	·유교경전 ·중국고대 최초산문집
설문해자 (設文解字, 15권)	허진	주한시대 (AD 100년)	·중국 주한시대사전
석명(釋名)	유희	후한시대 (AD 200년)	·후한시대의 사전
방언(方言)	양웅	후한시대 (AD 17년)	·후한의 여러 지방 방언설명 사전
제민요술 (濟民要術,10권)	가사협	북위(남북조)시대 (AD 530~550년)	·북위시대의 농업종합서 ·산둥성을 비롯한 화북일대의 밭농사기술, 농산가공, 저상, 소리기술능 설명 ·병국: 신국(神麴), 백료국(白醪麴), 분국(笨麴), 와국(臥麴), 분국(粉麴), 조국(조麴) ·산국: 황의, 황증, 얼
주례(周禮)	주공차	전국시대 후기 (BC 3세기)	·경국(經國)의 전범(典範)

가) 병국

① 삼곡맥국(三斛麥麴)

삼곡의 보리로 만든 누룩. 7월 갑인일(甲寅日)에 보리 서 섬을 찐 것, 볶은 것, 날 것으로 반죽하여 지름 2치 반, 두께 9푼의 원형으로 만들어 21일간 초가에서 만든다. 누룩을 덩어리로 뭉치는 일은 모두 동자나 어린아이가 하게 한다. 부정한 사람은 안 되며 부인은 가까이 오지 못하게 한다. 초가에서 하고 기와집에서 하지 말며 바닥이 더럽거나 축축하거나 하지 말아야 국인(麴人)을 만들어 네 길에 국왕(麴

> **참고** 축국문(祝麴文): 제민요술
>
> 　　동방은 청제토공 청제위신 남방은 적제토공 적제위신 서방은 백제토공 백제위신 북방은 흑제토공 흑제위신 중앙은 황제토공 황제위신 모년모월모일 진삭일(辰朔日)* 삼가 오방오토(五方五土)의 신에게 여쭙니다. 주인 모모(某某)는 삼가 칠월 상진(上辰)을 택해 보리누룩 수천수백 덩이를 만듭니다.
>
> 　　길을 가로세로로 내어 경계를 만들고 다섯 국왕을 세워 각각 봉경에 배치하고 술쇠 모를 올리며 빌어 청하옵니다. 원컨대 신력이 내리셔서 원하는 것을 두루 살피소서. 벌레들은 자취를 없애고 쓸데없는 벌레들은 흔적도 없이 하소서. 솟아나는 곰팡이의 모습은 비단과도 같이 촘촘하게 빛나며 그 열기는 타오르는 불같이 세차고 사나우며 마시면 군자에게는 취하게도 깨게도 하며 소인에게는 공손해지게도 조용해지게도 하도록 몇 번이고 삼가 여쭙니다.
>
> 　　이 말씀은 거짓도 허위도 아니오니 신이시여 이것을 들으시고 복의 명계로부터 응하시어 사람의 소원이 다름이 아님을 영원토록 기원하는 바입니다.
>
> 　　급급여율령(急急如律令)**, 급급여울령, 급급여울령 하고 축을 세 번 외우고 그 때 마다 재배한다.
>
> 　* 진삭일: 길일의 첫날
> ** 급급여율령: 기원문의 끝말, 악귀를 쫓는 효험이 마치 율령과 같다는 뜻

王)을 일시적으로 세우고 제를 지낸다. 종이나 손님이 제를 지내지 않는다. 국왕에게 술과 포를 올리는 방법은 국왕이 손을 적셔 사발같이 만들고 그 사발 안에 술, 포, 탕, 병을 담고 주인이 축문을 세 번 읽으며 읽을 때마다 재배한다.

② **신국(神麴)1**

　　7월 상인일(上寅日)에 보리 서 섬을 찐 것, 볶은 것, 날 것으로 빻기는 곱게 하고 되게 반죽하여 지름이 5치, 두께는 1치5푼의 둥근 철범을 평판위에 놓고 반죽을 담아 장사(壯士)가 잘 밟도록 한 다음 국병(구멍 뚫은 원형)을 만들고 문이 동향으로 깨끗한 방에 국병을 넣어둔다. 창문을 닫고 진흙으로 틈새를 단단히 발라 바람이 통하지 않도록 한다. 7일에 이것을 뒤집고 2칠일에 모으지만 문을 다시 진흙으로 단단히 발라둔다. 3칠일에 모두 밖으로 내어 햇볕에 쪼여 말리면 누룩이 된다. 다락에 올리는 일은 뜻대로 하지만 항아리에 담는 일은 하지 않는다. 항아리에 담으면 누룩은 오장(吳腸)이 된다. 오장이란 구멍 주위가 검게 무르는 것을 말한다.

③ 신국(神麴)2

7월 상인일(上寅日)에 만든다. 닭이나 개에게 보이거나 먹여서는 안 된다. 볶은 것, 찐 것은 두 가지는 똑같이 나누고 날것 한 가지는 1석에 1두 반을 더 얹는다. 각각 곱게 갈아 섞고 반죽할 때는 되게 하고 발과 손으로 충분히 이기는 것이 좋다고 한다. 어린 사내아이에게 병을 만들게 하고 서쪽채의 동쪽으로 향한 문이 있는 방을 사용한다. 방안의 바닥을 깨끗이 쓸고 바닥위에 누룩을 널어놓고 십자로 길을 만들어 사람이 다닐 수 있게 진흙으로 문을 발라 기가 새지 않도록 7일 후 문을 열고 누룩을 뒤집고 다시 문을 막아 2칠일에 모으고 3칠일에 꺼낸다.

④ 신국(神麴)3

7월 중순 이전에 만드는 것이 가장 좋다. 반드시 인일이 아니어도 좋다. 20일 이후에 만들면 점점 힘이 약해진다. 반드시 동향 문이 있는 초옥이 아니어도 집이면 어디서나 밀은 찐 것, 볶은 것, 날 것의 세 종류로 등분하고 찐 것은 널어서 말린다. 모두 방아에 찧어 곱게 갈아 비단체로 치고 다시 맷돌에 간다. 곱게 갈수록 좋다. 도꼬마리를 썰어 삼비탕(三沸湯)으로 하고 식기를 기다려 윗물을 떠서 누룩을 이긴다. 반죽은 서로 붙을 정도로 되게 질지 않도록 한다. 천 번이나 찧을 필요는 없다. 아래가 약간 볼록하게 장부나 부인이나 모두 이것을 뭉치며 반드시 사내아이가 아니어도 된다. 이 누룩은 3년을 둘 수 있다. 오래 둘수록 좋다.

⑤ 하동신국(河東神麴法)

7월 초에 보리를 손질해서 7일에 누룩을 만든다. 보리 1석이면 6두는 볶고, 3두는 찌고, 1두는 날것으로 곱게 간다. 뽕잎 5푼, 도꼬마리 1푼, 쑥 1푼, 수유 1푼, 수유가 없을 때는 들여뀌를 써도 된다. 이 것들을 같이 끓여 즙을 만드는데 마치 술 빛과 같다. 찌꺼기를 걸러내고 식기를 기다려 누룩에 같이 섞는다. 너무 질퍽해서는 안 된다. 보통 누룩처럼 네모난 틀에서 만든다.

⑥ 와국(臥麴法)

누룩을 재우는 법은 먼저 보리 짚을 바닥에 깐 다음 누룩을 놓고 끝나면 보리 짚을 덮는다. 덮기가 끝나면 문을 닫는다.

7일에 누룩을 뒤집고 전과같이 보리짚을 덮는다. 2칠일에 누룩을 모으고 또 전과 같이 덮는다. 3칠일에 항아리에 담는다. 그리고 7일이 지난 후에 내어 볕에 말린다.

⑦ 백료국(白醪麴)

밀(소맥) 3석을 취해 그 중 1석은 볶고, 1석은 찌고, 1석은 날것 그대로 한다. 같은 양으로 섞어 곱게 갈아 가루로 한다. 도꼬마리 탕을 달여 밤 새워 식혀서 밀가루에 섞어 잘 밟아 덩어리로 만든다. 둥근 쇠로 지름 5촌(치). 두께 1촌(치)의 틀을 만든다. 뽕나무와 도꼬마리탕, 날 도꼬마리를 이용한다.

⑧ 분국(笨麴): 진주춘주곡(秦州春酒麴法)

7월에 벌레 먹지 않은 소맥을 큰 가마솥에 볶아서 거칠게 갈아서 쓴다. 고우면 술이 잘 걸러지지 않고 되어져서 짜는데 힘이 든다. 미리 수 일 전에 쑥을 베어 와서 잡초를 가려내고 볕에 말려 시들게 하여 물기가 없도록 한다. 다음날 아침에 나무틀 사방이 1적(자), 두께 2촌(치)으로 하고 장사로 하여금 잘 밟게 하여 누룩을 만들고 덩어리가 되면 누룩에 구멍을 뚫는다. 쑥을 깔고 누룩을 놓은 위에 쑥을 덮는다. 대체로 위에 덮는 쑥은 두껍게 하는 것이 좋고 밑에 까는 쑥은 얇게 한다. 창문은 밀폐하고 삼칠일에 누룩이 된다. 깨뜨려 보아 덩어리 속이 마르고 오색의 곰팡이가 생겼으면 꺼내어 말린다. 햇볕에 잘 말려 부엌의 높은 곳에 쌓아둔다.

⑨ 대주백타국(大州白墮麴法)

네모 병국을 만드는 법이다. 곡 3석중 2석은 찌고 1석은 날 것으로 해서 따로따로 맷돌에 갈아 가루로 낸 다음 섞는다. 뽕잎, 도꼬마리잎(胡葇葉, 호시엽), 쑥을 각각 둘레 2적(자)정도로 하여 함께 흐물흐물해지도록 삶는다. 찌꺼기는 버리고 즙만 거두어 냉수를 섞어 술 빛처럼 만든다. 촉촉한 정도를 조절하여 누룩에 섞는다.

누룩은 분쇄한 밀이나 쌀·밀기울 등을 반죽하여 모양을 만들고 적당한 온도에서 숙성시켜 만든다. 누룩은 술을 빚는 데 기본이 되는 것으로, 중국의 춘추전국시대에 처음 만들어진 것으로 알려져 있다. 우리나라에서는 『고려도경 (高麗圖經)』에 처음 누룩에 관한 기록이 보이는데, 『삼국사기』, 『삼국유사』 등의 문헌에 술에 대한 기록이 보이고 있는 것으로 미루어, 삼국시대에도 누룩이 있었을 것으로 추측된다.

구체적인 누룩제조법은 『사시찬요초 (四時纂要抄)』, 『규곤시의방(閨壺是議方)』 등 조선시대의 문헌에서 보이고 있다. 이에 의하면 누룩의 재료로는 밀과 쌀·녹두·보리 등이 이용되었다. 한말에 이르러는 밀가루로 만드는 분국(粉麴), 밀과 밀기울을 섞어서 만드는 조국(粗麴)으로 나누어 용도를 달리하였는데, 함경도지방에서는 귀리·겉보리·피 등을 술지게미와 섞어서 찐 것을 원료로 하기도 하였다.

나) 산국(散麴, 흩임 누룩): 황의, 황증, 얼, 여국
① 황의(黃衣)

여국(女麴)이라고도 하며 밀알이 시큼해 질 때까지 물에 담가둔 다음 걸러 푹 쪄서 2촌(치)정도의 두께로 펴 놓고 물억새, 도꼬마리 잎 등으로 덮은 다음 7일이 지나서 노랗게 포자(胞子)가 덮이면 꺼내어 햇볕에 말려서 얻는다. 곡물의 낱알을 그대로 이용하여 만든다. 남조계의 식차에는 찹쌀로 황의(여국)를 만들어 이것을 병국(餠麴)과 찹쌀을 섞어서 술을 빚는 방법을 소개하고 있다. 『제민요술』 속에 기록되어있는 찹쌀 황의는 일본의 쌀누룩(Koji)과 유사한 형태로 볼 수 있다.

② 황증(黃蒸)

가루산국(散麴)이라고도 하며 밀을 제분하여 가수 한 것을 쪄낸 다음 고루 펴서 식히고 양손으로 어루만져 부수어서 황의를 만드는 방법으로 하여 만든 흩임 누룩으로 7일 정도면 얻어진다. 1960년대 우리나라에서 개발된 밀가루 입국과 유사하다.

③ 얼(蘖)

밀·보리를 물에 담가 싹을 띄워서 말린 것으로 맥주와 위스키의 발효제인 맥아와 유사하다.

『제민요술』 속의 누룩

누룩의 분류		누룩의 이름
병국(餠麴)	분국(紛麴)	삼곡맥국, 신국1,2,3, 하동신국
	조국(粗麴)	진주춘주국, 이국, 대주백타국, 백료국
산국(散麴)		· 황의: 여국, 맥국(밀낱알황의, 찹쌀낱알황의) · 황증: 가루누룩 (밀가루 산국, 쌀가루 산국) · 얼, 여국

(2) 『북산주경(北山酒經)』

북송(北宋: 960~1126)말기에 벼슬에서 물러나 양조장을 운영하던 주익중 저술한 것으로 떡누룩(병국,餠麴)과 흩임누룩(산국,散麴)이 소개되어 있다.

(3) 『거가필용(居家必用)』

원시대(元, 1271~1368)의 저술로 흩임 누룩인 홍국(紅麴)이 소개되어있다. 홍국은 멥쌀로 고두밥을 지은 다음 홍국으로 빚은 술을 국모(麴母)로 사용하여 띄운 것으로 오늘 날의 입국 방식이다. 홍국으로 빚은 홍주(紅酒)는 오늘 날에도 중국과 대만, 일본등지에서 많이 빚어지는 술이다.

2) 우리나라의 누룩

우리나라는 조선시대 이전의 문헌에는 누룩에 대한 기록이 없고 삼국시대 이래의 고대문헌에 곡물로 술을 빚어 마셨다는 기록이 남아 있는 것으로 누룩을 만들어 사용했다고 추정한다. 우리나라는 중국과 같은 문화권에서 활발한 문화적 교류가 있었고 우리 고유의 양조법과 중국의 양조법이 자연스럽게 공유 되었을 것으로 본다. 중국에서 밀이 전파되어 재배가 활발해지고, 유사한 시기에 한반도(BC 1~2세기)에서도 밀재배의 흔적이 발견되고 밀재배가 정착된 이후 밀을 이용한 떡누룩 방식이 도입되었다.

우리나라에서는 고려 인종(1124)때 송나라의 사신 서긍이라는 사람이 고려의 문물을 보고 기록으로 남긴 『고려도경(高麗圖經)』에 따르면 '고려에는 찹쌀이 없고 멥쌀로만 술을 빚는다'라고 소개되어있고, 『삼국사기』, 『삼국유사』 등의 문헌에 술에 대한 기록이 보이고 있는 것으로 미루어, 삼국시대에도 누룩이 있었을 것으로 추측된다.

조선시대 누룩의 종류와 문헌

누룩의 종류	문헌
내부비전국(內附秘傳麴)	임원십육지, 농정회요, 조선무쌍신식요리제법
녹두국(綠豆麴)	증보산림경제, 온주법, 농정회요, 군학회동, 농가월령가
동양주국(東陽酒麴)	농정회요, 오주연문장전산고
맥국법(麥麴法)	태상지, 임원십육지
요국(蓼麴)	산림경제, 고사십이집, 증보산림경제, 감서종식법, 고사신서, 임원십육지, 농정회요, 학음잡록, 군학회동, 농가월령가
미국(米麴)	본초강목, 증보산림경제, 임원십육지, 농정회요, 조선주조요제, 군학회동, 산림경제제요, 조선무쌍신식요리제법, 농가월령가
백국(白麴)	본초강목, 임원십육지, 농정회요, 조선무쌍신식요리제법
모국(麰麴)	증보산림경제, 본초강목, 임원십육지, 농정회요, 조선무쌍신식요리제법, 농가월령가
신국(神麴)	본초강목, 봉의보감, 색경, 산림경제, 민천집설, 농정회요
이화주국(梨花酒麴)	음식디미방, 주방문, 산림경제, 고사십이집, 증보산림경제, 감자종식법, 고사신서, 온주법, 해동서, 규합총서, 주방, 주찬, 임원십육지, 농정회요, 양주방, 김승지댁주방문, 음식방문, 역주방문, 조선무쌍신식요리제법, 농가월령가
면국(麵麴)	본초강목, 증보산림경제, 임원십육지, 조선무쌍신식요리제법
홍국(紅麴)	본초강목, 임원십육지, 오주연문장전산고, 농정회요, 조선무쌍신식요리제법
향온국(香醞麴)	음식디미방, 산림경제, 임원십육지

누룩 만드는 법은 조선 초 전순의(全循義: 1450년경)가 쓴 『산가요록(山家橈綠)』에 처음 소개되어 있는데, 곡물을 찌거나 생곡을 그대로 사용하는 병곡의 형태이다. 『산가요록(山家橈綠)』 이후로 『사시찬요조(四時纂要抄)』, 『음식디미방(閨壺是議方)』, 『수운잡방』, 『산림경제』, 『임원십육지』 등 40여권의 책에 누룩 빚는 법이 소개되어 있다. 이에 의하면 누룩의 재료로는 밀과 쌀·녹두·보리 등이 이용되었다. 기본적인 누룩은 『산가요록(山家橈綠)』의 조국법(造麴法)과 큰 차이가 없이 유사한 형태로 소개되어있다.

조선시대 누룩의 종류는 내부비전국(內附秘傳麴), 녹두국(綠豆麴), 동양주국(東陽酒麴), 맥국법(麥麴法), 요국(蓼麴), 미국(米麴), 백국(白麴), 모국(䴷麴), 신국(神麴), 이화주국(梨花酒麴), 면국(麵麴), 홍국(紅麴), 향온국(香醞麴) 등이 있다.

(1) 누룩의 종류

삼국시대 이후로 지역마다 다양한 형태의 누룩을 만들었고 만드는 방법, 재료, 시기, 형태에 따라 각기 다른 이름이 붙여졌다. 주종에 따라 약주용, 탁주용, 소주용으로 구분 되었으며 누룩은 만드는 원료에 따라 밀가루로 만드는 밀누룩, 쌀로 만드는 쌀누룩, 밀과 녹두로 만드는 녹두누룩, 가을보리로 만드는 누룩등 수십 종이 알려져 있다.

누룩은 병곡(餠麴: 떡누룩)과 산곡(散麴: 흩임누룩)으로 나누는데 병곡은 원료의 분쇄정도에 따라 곡류를 곱게 분쇄한 분말로 만드는 분곡, 거칠게 분쇄한 분말로 만드는 조곡, 한약재(쑥, 여뀌, 녹두, 도꼬마리, 천초, 생강, 연꽃, 매화꽃, 복합한약재누룩)첨가에 따라 초곡으로 분류한다. 병곡과 다른 형태인 산곡은 곡물의 낱알이 흩어져있는 누룩이다.

누룩의 분류

제조형태	분쇄형태	특성 및 첨가에 따른 분류
병곡(餠麴)	분국	곡물을 가루 내어 덩어리로 만든 누룩 (이화주국, 미국, 백국, 납도국)
	조국	곡물을 거칠게 갈아서 덩어리로 만든 누룩 (소맥국, 분국)
	초국	여뀌잎, 닥나무잎 등 약초를 넣거나 그 즙에 반죽하여 덩어리로 만든 누룩(신국)
산곡(散麴)		곡물의 낱알이 흩어져 있는 상태의 누룩(입국)

(2) 누룩틀

누룩을 성형할 때 사용하는 도구를 누룩틀, 또는 누룩고리라 한다. 우리 조상들은 생활 용기를 직접 만들어서 사용해 왔는데 누룩고리에도 예외는 아니었다. 또한 만드는 사람의 개성이나, 제주, 환경에 따라 달랐으므로 그 형태나 제질 상의 종류도 다양하다.

누룩고리는 나무와 짚을 이용하여 만든 것이 주류를 이루는데 대리석을 깎아 만든 석물과 쇠를 녹여 만든 주물 형태의 것도 눈에 띈다. 흔히 얇게 송판을 이용하여 '체'를 만들 때와 같이 칡 덩쿨이나 삼끈으로 묶고 새끼줄을 감아 만든 누룩고리가 있는가 하면 괴목 등의 통나무에 한 두 개의 구멍을 파서 만든 것을 주로 사용한데 반하여 사찰이나 반가, 궁궐 등 특수 계층에서는 대리석이나 주물 등 고급 제질의 누룩 고리를 사용하였다.

지역별 누룩은 그 지역의 환경과 발효 조건등에 따라 독특하고 차별화된 누룩으로 발전 하였다. 누룩 성형 틀도 서울, 경기도, 경상도 지역은 원반형, 사각형으로 만들었다. 사각형 누룩 틀은 지름 약 40cm, 두께 약 2.5cm 또는 지름 약 16cm, 두께는 약 4cm 정도로 얇고 큰 것이 있는 반면 두꺼운 것도 있다. 전형적인 원형 누룩 틀은 지름이 20cm, 두께가 4~5cm로 약 800g으로 원반형 누룩을 만들 수 있다.

여러 가지 모양의 누룩틀

* 출처:산사원갤러리

(3) 누룩의 제조

누룩의 제조는 대부분이 농가의 부업으로서 여름·가을철에 소규모로 하였으나, 1927년부터는 누룩 제조업자와 주조업자가 모여서 국자제조회사를 설립하여 생산 공업으로서 자리를 굳히게 되었다. 그 결과 종래에 적기에만 작업을 하던 것이 사 계절 간 제조하게 되었고, 품질도 향상되고 제품도 균일화되었다.

그 뒤 소주를 생산하는 지방에서는, 누룩이 소주제조용 흑국(黑麴)으로 바뀜에 따라 누룩의 생산이 점차 감소하여 약주·탁주용으로만 남게 되었다. 1940년대에 들어서서는 개량식 제국법으로 통일되었으며, 1950년 이후부터는 누룩의 개량법이 다각적으로 시도되었다.

누룩을 만드는 법은 분쇄한 밀이나 쌀·녹두즙 등을 반죽하여 헝겊·짚·풀잎 등에 싸서 발로 밟거나 누룩 틀에 넣어서 밟는다. 이것을 누룩방이나 온돌 또는 헛간에 적당히 배열하여 짚이나 쑥으로 덮어 놓고, 썩지 않게 골고루 뒤집으며 누룩곰팡이가 뜨기를 기다리는데, 짧게는 1주일 길게는 40일 이상이 걸린다. 지방에 따라 모양이나 제조법에 차이가 있어, 서울 및 영남지방에서는 원료를 반죽하여 헝겊에 싸서 틀에 넣고 단단히 밟아 짚으로 싼 다음 온돌에 퇴적하여 만들고, 호남이나 충청도지방에서는 퇴적하는 대신에 실내에 매달아 둔다. 형태도 서울 및 영남지방의 것은 편원형이 많고 호남이나 충청도지방은 원추형이나 모자형이 많다. 보통 퇴적한 것은 4~5일, 매달아 둔 것은 10~30일쯤 걸려서 만들어진다.

개량식의 경우는 밀가루에 물을 섞어 원반형태의 덩어리를 만들고 약 10일간 40℃에서 발효시킨 후, 건조실에 옮겨서 서서히 건조시킨다. 이것은 재래의 방법에 비하여 시간을 단축시킬 수 있고, 연중 만들 수 있다는 이점이 있다. 누룩은 사용되는 원료의 종류뿐만 아니라 형태가 품질에 영향을 미치고 있는데, 누룩의 지름이 너무 짧으면 수분이 쉽게 발산되어 균이 잘 침투하지 않아서 숙성이 불량하고, 너무 얇으면 단시일에 숙성되나 향미가 좋지 않고 주박(酒粕)이 많아 주량이 적어진다. 너무 두꺼우면 내부의 수분이 발산되기 어려워 내부 온도가 높아질 가능성이 있고, 제조 후 건조도 어렵다. 이와 같이 제법이 까다로워 신미(辛未)·을미(乙未)·경자(庚子)에 만들면 좋고, 목일(木日)에 만들면 술이 시어진다는 금기가 있었다. 또한 누룩은 밟는 정도에 따라서도 질에 차이가 있으며, 누룩의 질은 술맛과 직결된다.

누룩과 관련된 고사로, 고려 말의 문신인 조운흘(趙云仡)은 강릉태수가 되어 많은 손님을 접대하게 되자, 술맛이 좋으면 손님이 더욱 찾게 된다고 하여, 하인들에게 누룩을 슬슬 밟게 하였다고 한다. 이렇게 만든 누룩으로 술을 빚으면 술맛이 약하고 산미가 많으므로, 손님이 오면 술을 두어 잔 권하고 술맛이 나빠서 권할 수 없다면서 술상을 물렸다고 한다.

(4) 누룩의 품질

누룩의 품질은 쪼갰을 때 속까지 담황색 또는 회백색을 띄는 곰팡이가 잘 번식되어 있고 누룩 특유의 고소한 향기가 있어야 좋은 것이다. 누룩속의 색이 진한 갈색이면 좋지 않고 부패취나 메주 냄새가 나지 않아야 한다. 얇게 성형한 누룩은 단시일에 숙성되어 빛깔이 좋지만 바깥부분의 수분이 빨리 말라 당화력이 부족할 수 있고 술의 향미가 깊지 않으며 술지게미 양이 많아진다. 온도와 습도 조절이 가능한 누룩 실을 갖추고 띄우는 것이 바람직하다.

두껍게 성형한 누룩은 내부 수분발산이 곤란하며 품온이 높아질 가능성이 아 고온에서 잘 자라는 세균이 번식하기 쉽다. 두꺼운 누룩의 경우 내부수분 발산이 어려워 썩기 쉬우므로 처마 밑이나 부엌에 메달아 두고 띄우는 것이 적합하다. 누룩을 성형할 때 단단히 밟지 않으면 발효될 때 내부 공기층이 생겨 부풀어 오르고 빈 공간에서 유해세균이 번식하여 부패하기 쉽다. 여름 삼복중에 누룩을 빚으면 습도와 온도가 적당히 조절되어 쉽게 좋은 누룩을 빚을 수 있다.

(5) 누룩의 보관, 법제

잘 띄워진 누룩은 햇볕이 잘 들고 통풍이 잘되는 곳에 쌓아두거나 종이봉투에 여러겹 으로 담아 선반이나 시렁에 매달아 놓고 필요할 때 내어서 쓴다. 통풍이 잘 되고 건조하며 주변의 습기로부터 영향을 받지 않는 장소에 보관하는 것이 좋다.

누룩으로 술을 빚을 때는 누룩을 사용하기 전에 거친 가루나 콩알크기로 빻은 다음 2~3일간 밖에 널어놓고 햇볕과 이슬을 맞힌다. 이것을 법제(法製)라고 한다. 법제는 술의 변패를 막기 위한 전통적인 방법이다. 햇볕과 이슬은 누룩의 잡균을 살균하고 나쁜 냄새를 제거하는 효과가 있고 효소제와 효모 포자를 활성화시키는 역할을 한다. 전통 누룩을 사용할 경우에는 법제 과정을 거쳐야 술 빚는 과정에서 실패하지 않을 확률이 높다. 특히 전통 누룩으로 밑술을 사용하지 않고 바로 담금 하여 술을 빚을 때에는 반드시 법제를 실시한 누룩을 사용해야 한다.

* 자료출처:『한국문화대백과』중

3) 누룩속의 미생물

(1) 누룩(곡자)의 정의: 당화제, 발효제

누룩이란 술을 빚을 때 사용하는 당화제인 동시에 발효제로서 효소를 생산하는 곰팡이와 효모를 곡류에 번식시킨 것이다. [표준국어대사전]에는 '술을 빚을 때 쓰는 발효제'로, [새우리말 사전]에는 '곡물을 쪄서 누룩곰팡이를 번식 시킨, 술을 빚는데 쓰는 발효제'로 쓰여져 있다. 누룩곰팡이는 빛깔에 따라 황국균(黃麴菌), 백국균(白麴菌), 흑국균(黑麴菌), 홍국균(紅麴菌)이 있는데 전통주인 탁, 약주에 쓰이는 것은 주로 황국균이다.

(2) 누룩미생물(곰팡이와 효모)의 특징

가) 곰팡이

① 누룩곰팡이 Aspergilus속(국균)

청주, 탁주, 약주, 간장, 주정제조에 이용되며 색상은 백색, 황색, 황녹색, 흑색등 으로 강한 전분당화력과 단백질 분해력이 이 있으며 술의 제조에서는 쌀전분의 당화, 된장과 간장에서는 쌀 또는 보리전분 및 대두단백질의 분해역할을 담당한다.

- Aspergillus oryzae: 황국균이라고 불리는 Koji(麴)곰팡이의 대표적인 균주로 단맛을 내며 청주용으로 이용되고 회갈색을 띠며 강력한 효소를 생성한다.
- Aspergillus kawachi: 백국균이라 불리고 강한 신맛을 생성하며 탁, 약주의 제조에 이용된다.
- Aspergillus awamori: 흑색, 흑갈색을 띠며 신맛과 단맛을 생성하고 전분 당화력과 단백질 분해력이 강하다. 오키나와 아와모리 술 양조에 이용되고 있다.
- Aspergillus usamii: 흑색을 띠며 글루코산과 개미산을 생성하여 신맛을 내며 단맛을 생성한다. 알코올 제조용 전분질 원료의 당화에 애용되고 과거의 증류식 소주 제조 시에 이용되었나.

② Rhizopus속(거미줄곰팡이)

단맛과 신맛을 내며 녹말의 당화력이 강하고 젖산과 개미산등 유기산을 생성하며 처음에는 백색에서 점차적으로 회백색, 회갈색으로 변화한다. 특히, 생전분 강화력이 강하다.

③ Mucor속(털곰팡이)

감칠맛을 내며 메주에서 쉽게 발견할 수 있고 아미노산을 생성한다.

나) 효모(Yeast, 酵母)

당을 알코올로 분해하는 미생물을 뜻하며 이 과정을 "알코올 발효"라 한다.

① 효모의 형태와 구조

효모는 Saccharomyces 속 곰팡이류(진균류)로 구형 또는 타원형을 기본형으로 한 단세포이며 액포, 세포질, 세포막, 세포벽(고분자 탄수화물, 단백질, 지질 등)으로 이루어져 있다'

② 효모의 증식

효모는 세포의 일부가 불룩해지고 싹과 같은 작은 돌기가 생기는 출아법에 의해 증식하고 평균 4회 출아한다.

③ 효모의 생리작용

당액에 효모를 첨가하여 호기적인 조건으로 배양을 하면 호흡작용을 하여 당분을 효모 자신의 증식에 이용하게 되고 혐기적인 조건으로 배양하면 발효작용을 일으켜 당분을 에너지로 이용하기 위해 분해한다. 즉 혐기적인 상태에선 포도당이 완전히 분해되지 않고 알코올 과 탄산가스가 만들어진다.

④ 효모의 종류: 야생효모, 배양효모

야생효모는 공기 중이나 과일의 표면 등에 붙어있는 효모로서 일반적으로 발효력이 약하고 산을 생성하기도 한다. 배양효모는 현대 양조에서 주로 사용되는 것으로 일반적으로 발효력은 강하나 산, 건조에 견디는 힘이 강한 것으로 나타났다.

다) 양조에 이용되는 효모의 종류

① 탁주효모: Saccharomyces coreanus
- 1910년 일본 사이토 겐도박사가 조선산 곡자와 전통주의 술덧에서 분리한 균주
- 세포의 크기: 3~7μ
- 최적온도: 37℃
- 우리나라 대표적인 효모로 탁주발효에 사용
- 향미가 양호하고 산이 많은 기질, 주정발효에도 사용

② 청주효모: Saccharomyces Sake
- 1897년, 청주 제조에 사용
- 세포의 크기: 6~12μ
- 생육한계온도: 1~45℃
- 주정 생성 최대온도: 23~24℃

- 단위 시간 내 최대 발효 온도: 33~34℃
- 아미노산 소비량이 많고 산의 생성이 적음
- 향미가 있어야 우량균이라 할 수 있음

③ **맥주효모: Saccharomyces cerevisiae**
- 1883년 맥주 발효를 일으키는 종으로 기록
- 최근 청주효모와 같은 종으로 알려짐

전통누룩과 일본 koji의 차이점

구분	전통누룩	일본 koji
전분원료	생전분질(베타-전분)	증자전분질(알파-전분)
접종법	자연접종법	인공접종법
누룩중의 미생물 종류	매우 다양한 종류	단일종류(황곡균)
누룩중의 효모존재	존재	존재안함
주모의 필요성	필요 없음	필요함
누룩의 기능성	당화력과 알코올 발효력	당화력
술의 올리고당	존재	존재안함
술의 식이성섬유질	존재	존재안함
양조특성	당화력과 발효력	당화력

참고 좋은 누룩의 조건

- 육안으로는 관찰할 수 없으나 당화력이 높을수록 양호하다(300sp이상).
- 효모가 많이 증식된 것이 좋다.
- 이취가 없어야 한다. 즉 곰팡이 냄새가 없고 누룩의 독특한 향미가 나야 한다.
- 누룩의 색상이 깨끗해야 한다.
- 누룩의 단면이 조밀한 것이 좋다.
- 적당히 건조된 것이 좋다.

3. 누룩 만들기

1) 조곡 만들기

통밀을 분쇄하여 물을 섞어 반죽한 후 단단하게 성형하여 만든 누룩으로 우리 술의 대부분에 사용되는 누룩이다. 다른 누룩에 비해 사용량이 많다는 것은 그만큼 발효가 잘되고 향이 좋기 때문이며 조곡으로 빚은 술은 술 빛깔이 짙다는 단점이 있다.

재료 및 분량

통밀 1kg , 물 200cc, 누룩틀, 면보, 신문지, 스텐볼

만드는 방법

1. 통밀을 깨끗이 씻어 말린 후 가루로 빻는다.
2. 가루와 물의 비율을 4:1로 하여 반죽한다.
3. 단단하게 뭉칠 수 있도록 많이 치댄다.
4. 누룩 틀에 면보를 깔고 반죽을 다져 넣는다.
5. 면보의 끝을 여며 발로 단단히 디딘다.
6. 돌덩이처럼 단단하게 뭉쳐 누룩을 빼 낸다.

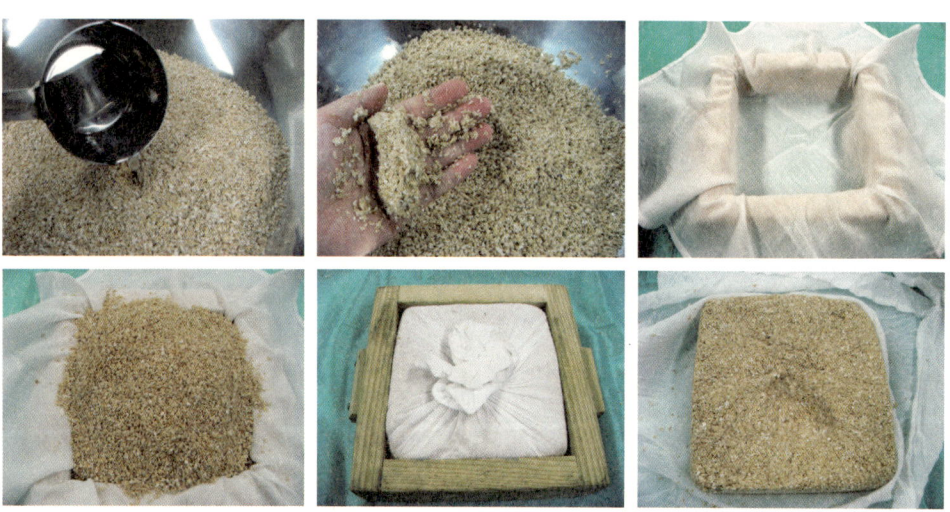

2) 백곡 만들기

백곡은 찹쌀가루를 주재료로 밀가루를 섞어 만들기도 하지만 무형문화재 제8호 서울 삼해주를 빚을 때 사용하는 누룩은 밀기울을 제거한 후 흰 밀가루만을 사용하여 만든다. 1596년 이시진(李時珍)이 쓴 『본초강목(本草綱目)』과 1835년 서유구(徐有榘)의 『임원십육지(林園十六志)』에 나타난 누룩으로 물을 최소화하여 디디고, 띄우는 방법이 까다로워 좋은 누룩을 얻기가 매우 어렵다. 주로 삼양주 등 고급 약주나 청주를 빚을 때 사용하는 누룩이다.

재료 및 분량

밀가루(우리밀) 1kg, 물 150cc, 누룩틀, 면보, 신문지, 스텐볼

만드는 방법

1. 통밀 간 것을 체로 쳐서 하얀 밀가루만 사용한다.
2. 물의 비율은 조곡보다 적게 잡는다.
3. 많이 치대어서 고루 수분이 배이도록 한다.
4. 누룩 틀에 면보를 깔고 반죽을 다져 넣는다.
5. 면보의 끝을 여며 발로 단단히 디딘다.
6. 돌덩이처럼 단단하게 뭉쳐 누룩을 빼 낸다.

3) 향온곡(香醞麴) 만들기

'향온주'를 만들 때 사용하는 누룩으로 향온주는 발효를 완성한 후 증류하는 술이다. 향온주는 궁중의 술로 내의원의 처방대로 만든 술이며, 내국법온(內局法醞)이라 고도 한다. 통밀을 빻아서 사용하는데 발효주는 아주 곱게 빻아서 사용하고 증류주는 거칠게 빻아 누룩을 만든다. 통밀과 녹두, 통보리를 함께 사용하고 녹두는 찬 성질이 있어 제독작용을 하며 독특한 향기와 맛을 낸다. 보리는 맛을 부드럽게 하는 역할을 한다.

재료 및 분량

통밀 1kg, 통보리(통밀의 10%정도) 100g, 녹두(통밀의 10%정도) 100g, 물200cc

만드는 방법

1. 통밀, 보리는 씻어 물기를 빼고 거칠게 빻는다.
2. 녹두는 거피한 것을 3~4시간 불린 후 믹서에 간다.
3. 통밀, 보리 갈은 것에 녹두 갈은 물 200cc를 넣고 반죽한다.
4. 누룩 틀에 면보를 깔고 반죽을 다져 넣는다.
5. 면보의 끝을 여미며 발로 단단히 디딘다.
6. 돌덩이처럼 단단하게 뭉쳐 누룩을 빼 낸다

향온곡과 백곡의 차이

구 분	향온주곡	백곡
밀도	엉성	치밀
용도	**증류주** 증류할 때 술지게미도 함께 부어 증류하기 때문에 눌어붙지 않게 굵은 입자 곡물을 사용	**발효주** 물이 적게 들어가는 범벅상태의 농(濃)담금으로 법제도 곱게 빻아서 사용
곡균 종류	호기적인 균, 호흡형 (황곡균, 거미줄 곰팡이)	혐기적인 균(거미줄 곰팡이 : 깊숙이 파고드는 것을 좋아하는 균)

4) 이화곡(梨花麯) 만들기

이화곡은 고급탁주인 이화주(梨花酒)를 빚을 때 사용하는 누룩이며 『산가요록(山家要錄)』, 『규합총서(閨閤叢書)』, 『음식디미방(飮食知味方)』, 『수운잡방(需雲雜方)』, 『주찬(酒饌)』, 『임원십육지(林園十六志)』 등에 수록되어 있다. 배꽃이 피는 무렵에 빚었다하여 이화주라 하였고 이화주를 빚는 누룩을 이화곡이라 불리었다.

재료 및 분량

멥쌀 1kg, 물 200cc

만드는 방법

1. 쌀을 깨끗이 씻어 불린 후 가루로 빻는다.
2. 물을 넣어 반죽(날반죽)하되 송편 할 때보다 물을 덜 넣는다.
3. 손으로 꽁꽁 뭉쳐 오리알 정도의 크기로 만든다.

5) 백수환동곡(白首還童麴)

　　백수환동곡은 『양주방(釀酒方)』, 『규곤시의방(閨壺是議方)』, 『규합총서(閨閤叢書)』 등에 나타나는 누룩으로 백수환동주를 빚을 때 사용한다. 누룩을 만드는 방법은 이화곡 만들 때와 비슷하지만 재료에서 차이가 있다. 이화곡과 다르게 찹쌀을 사용하고 녹두를 쪄서 찹쌀보다 더 많은 양이 들어간다. '백수환동주'는 '늙은이가 이 술을 마시면 머리가 검어지고 동안(童顔)이 된다.' 는 설에서 유래된 이름이다.

재료 및 분량

　　찹쌀 500g, 거피녹두 1kg, 물

만드는 방법

1. 찹쌀을 깨끗이 씻어 불린 후 가루로 빻는다.
2. 거피한 녹두를 깨끗이 씻어 불린 후 찜통에 살짝 쪄서 식힌 후 곱게 빻는다.
3. 찹쌀가루, 녹두를 넣고 섞어 오리알 크기로 단단하게 뭉친다.

6) 누룩 띄우기

누룩은 자연 상태의 곰팡이나 효모균, 젖산균등 미생물들이 공기, 누룩의 재료, 누룩을 띄울 때 사용하는 초재(草材) 등에서 접종되어 증식하는 것으로 좋은 누룩을 얻기 위해서는 좋은 생육조건을 만들어 주어야 한다. 예를 들면, 청청한 지역의 공기와 볏짚, 쑥이나 연잎, 솔잎 등을 효모 원으로 이용한다.

누룩의 아래 위를 볏짚이나 솔잎을 깔고, 30℃~35℃에서 2주 동안 아침·저녁으로 뒤집어 주고 바람이 없는 곳에 둔다. 3~4일이 지나면 품온이 생기기 시작하고 품온은 10~14일 정도 유지되는 것이 적절하며, 품온이 사라지면 누룩띄우기가 끝났다고 볼 수 있다. 품온이 사라지면 7일정도 후 숙성 하고 숙성이 끝나면 햇빛이 드나들고 통풍이 잘 되는 곳에서 바짝 말린다. 바싹 마른 누룩은 종이봉투에 밀봉하여 냉암소에 넣어 보관하고 술 빚기 3~5일 전에 꺼내어 반드시 법제하여 사용한다.

법제하는 과정

제3장
술의 발효

1. 술의 발효원리

1) 알코올 발효

　　우리나라에서는 누룩을 띄워 술을 담았고, 서양에서는 포도를 원료로 포도주, 보리를 발효시켜 맥주를 만들어 왔다. 발효를 뜻하는 'Fermentation'은 라틴어 '비등한다(fervere)'에서 유래된 말로 알코올 발효과정에서 이산화탄소 거품이 끓어오르는 현상이 마치 물이 끓는 것처럼 보였기 때문이다. 파스퇴르에 의해 효모(Yeast)가 발견되었고 그 효모를 당액에 넣으면 발효를 하는 것이 알려졌다. 즉 당분을 변화시켜 알코올과 탄산가스로 되게 하는 효모의 작용을 이용하여 술을 빚는 기술의 발전이 시작된 것이다.

　　알코올 발효는 혐기적인 조건에서 효모가 당을 분해시켜 알코올을 생성한다. 효모는 호기적인 조건에서 잘 생육하지만 알코올은 생성하지 않으며 혐기적인 조건에서는 완만하게 생육하고 당으로부터 알코올을 생성하게 된다.

2) 우리 술의 발효

　　알코올 발효는 사용하는 재료에 따라 다소의 차이는 있으나 대체로 우리 술 빚기에서는 곡물(쌀, 밀, 조, 수수, 옥수수 등) 그 외에 각종 서류(薯類) 등의 전분질을 누룩과 물을 넣어 발효조에 투입하면 누룩곰팡이가 분비하는 당화효소제가 전분을 당으로 전환을 하고 누룩속의 효모가 전환된 당분을 이용하여 알코올과 탄산가스를 만들어내는데, 이것을 알코올 발효라 한다.

알코올 발효: 효모(Yeast)가 당을 먹고 알코올과 탄산가스 생성

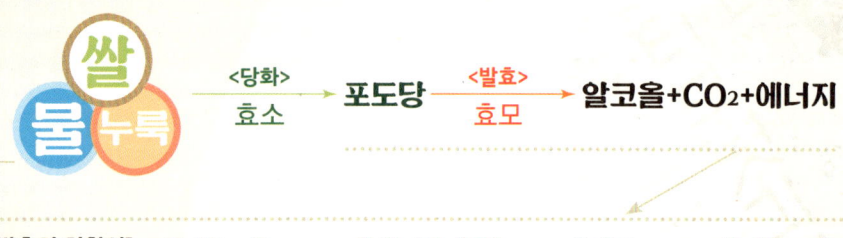

[발효의 화학식]　$C_6H_{12}O_6 \longrightarrow 2C_2H_5OH + 2CO_2 + 54kcal$
　　　　　　　　　포도당　　　　에틸알코올　　이산화탄소　　에너지
　　　　　　　　　　　　　　　　(에탄올)

[우리 술 양조의 기본개념]	전분	+	누룩	+	물
	(쌀, 보리, 옥수수, 조, 수수 등)		(전통누룩)		
	100% (1kg)		20~30% (200~300g)		120~150% 1.2~1.5L

2. 발효의 종류

발효에는 포도와 같이 당분이 주성분인 원료를 효모의 대사작용에 이용하여 알코올을 만드는 '단발효'와 전분이 주성분인 곡물을 이용하여 알코올을 만드는 '복발효'의 두 가지가 있다.

1) 단발효

포도, 사과 등 과실이 가지고 있는 포도당이 효모의 대사 작용에 의해 알코올을 생성하는데, 이것을 '단발효'라 한다. 대부분의 과실주(Wine)가 단발효에 의해 알코올을 생성하고 있다. 과실뿐 아니라 사탕수수, 아가베 등도 좋은 원료가 되고 당 추출물을 이용하여 알코올 발효를 할 수 있다. 당추출물이란 과일, 채소, 산야초, 약재 등을 당침으로 하여 추출물을 얻어 숙성한 발효액을 말한다.

당 —[효모 투입]→ 알코올

2) 복발효: 단행복발효, 병행복발효

곡물의 전분이 주성분인 원료는 전분의 분해효소에 의한 당화과정을 거쳐야만 알코올을 생성할 수 있다. 당화과정에 의해 전분이 당으로 전환이 되면 알코올을 생성하는데, 이것을 '복발효'라 한다. 복발효는 '단행복발효'와 '병행복발효' 두 가지로 나눌 수 있다.

(1) 단행복발효

당화와 알코올 발효를 분리해서 발효하는 방법을 '단행복발효'라 한다. 맥주의 경우 곡물을 당화효소에 의해 당액을 추출한 후 찌꺼기를 걸러내어 다른 용기에 옮겨 효모를 투입하여 알코올 발효를 한다.

(2) 병행복발효

당화와 발효가 동시에 일어나는 발효방식을 '병행복발효'라 하고 우리술을 발효하는 방법이여기에 속한다. 발효조 안에 호화된 전분과 누룩, 물을 넣어주면 누룩 속에 있는 당화효소에 의해 당이 생성되고 동시에 효모가 당을 이용하여 알코올을 생성하는 발효방식이다.

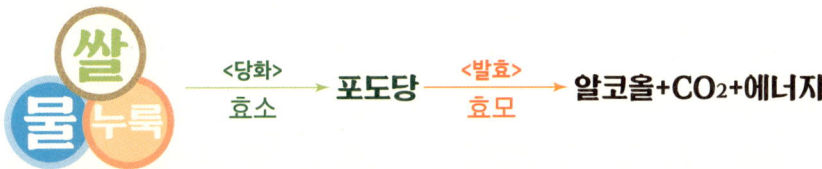

3. 우리 술의 분류

술은 그 제조 과정에 따라 양조주, 증류주, 혼성주로 나누어지며, 이들 모두 알코올을 생성시켜서 만든다는 공통점을 가지고 있으며, 대부분 제조 과정에 따른 분류를 기본으로 모든 술을 분류하고 있다.

1) 제조과정에 따른 분류

(1) 양조곡주(釀造酒)

양조주는 인류 역사상 가장 오래 전부터 빚어서 마셔온 술로, 과일이나 곡류 및 기타원료에 들어 있는 당분이나 전분을 곰팡이와 효모의 작용에 의해 발효시켜 만든 술로, 발효시켜 만드는 술이라 하여 발효주라고도 불린다.

양조주는 발효를 시켜 만들기 때문에 비교적 알코올분이 낮아 변질되기 쉬운 단점이 있으나 원료성분에서 나오는 특유의 향기와 부드러운 맛이 특징이다. 양조주는 발효되는 당분에 따라 구분하는데, 과당을 원료로 해서 만드는 과실주는 와인(포도, 사과) 등이 있고, 전분질을 원료로 해서 만드는 술은 맥주, 탁주, 청주 등 기타 벌꿀을 이용한 봉밀주, 유목민족의 마유를 이용한 유주(乳酒), 처녀들이 입으로 쌀을 씹어 빚었다는 미인주 등이 있다.

(2) 증류주(蒸溜酒)

증류주는 과실이나 곡물을 재료로 하여 발효시킨 양조주를 증류한 것으로 발효액을 증류기에 넣어 알코올분을 증류시켜 만드는 술이다. 일반적으로 과실이나 곡물로부터 양조하여 만드는 양조주는 효모의 성질이나 당분의 함유량에 따라 와인의 경우 8~14%, 맥주의 경우 6~8% 내외의 알코올을 얻을 수 있는데, 증류주는 이보다 높은 알코올 농도를 얻기 위해서 양조한 술을 다시 한 번 증류해서 만든다.

양조주의 특징은 알코올 농도가 비교적 높으며, 증류방법에 따라 불순물의 일부 또는 대부분의 제거가 가능하다. 양조주의 종류는 화주(火酒), 소주, 고량주, 위스키, 브랜디, 진, 보드카, 럼주, 데킬라 등이 있다.

(3) 혼성주(混成酒)

혼성주는 발효주, 증류주, 순수한 알코올의 수용액(水溶液)을 원료로 하여, 색깔, 맛, 향기를 내는 재료(과일, 향료, 약초, 과즙 등)와 당분을 가해서 만드는 술로, 흔히 리큐르(Liqueur)라고 불린다. 증류주(알코올함유물)에 과실이나 약제 침출물, 향료 등을 첨가한 리큐르(Liqueur), 매실주, 인삼주, 오가피주, 복분자주, 머루주, 약미주(藥味酒) 등이 있다.

2) 담그는 방법에 의한 분류

(1) 단양주(單釀酒)

쌀이나 찹쌀을 씻어 담갔다가 건져 고두밥을 찌고 식으면 적당량의 누룩과 물을 넣어 버무려서 항아리에 담아 두 면 온도에 따라 다르지만 10여일이 지나 술을 얻게 된다. 계명주, 하일주, 하일청주, 하절삼일주, 편주, 동파주, 백하주, 부의주, 옥로주, 점감주, 점강청주, 황화주, 이화주 등이 있다.

(2) 이양주(二釀酒): 밑술 + 덧술

술 빚는 과정에서 밑술(주모, 酒母)을 먼저 만들고 한 번 더 덧술 과정을 거치는 양조법이다. 죽엽주, 절주, 두강주, 청명주, 하향주, 향온주, 유화주, 행화춘주, 진양주, 진상주, 일두주, 육병주, 오호주, 일해주, 병주, 별주, 연해주, 만년향, 당백화주, 남성주 등이 있다.

(3) 삼양주(三釀酒): 밑술 + 중밑술 + 덧술

술을 빚는 과정에서 밑술을 먼저 만들고 2번의 덧술 과정을 거치는 양조법이다. 삼해주, 호산춘, 순향주, 석탄향, 삼오주, 일년주 등이 있다.

(4) 사양주(四釀酒)

밑술 한번과 중 밑술 2번을 거쳐 최종 덧술을 하는 4회담금을 하는 술로 현대에는 거의 맥이 끊어진 상태이다. 사양주로는 도화주, 사오주, 사마주 등이 있다.

(5) 오양주(五釀酒)

처음 밑술을 한 후 계속 양을 늘려서 중밑술을 3번 더한 다음 마지막 다섯 번째 덧술을 하는 술이다. 향온주는 12 번까지 덧술을 할 수 있다.

(6) 혼양주(混釀酒)

술을 빚는 과정 중에 적당한 시기를 택하여 발효주에 증류주를 가한 다음 발효를 완성시켜서 알코올 도수를 높여서 보관하기 편리하고 독특한 향과 맛을 얻는 양조법이다. 과하주, 왜미림주, 송순주, 강하주, 녹용주, 구기주 등이 있다.

3) 거르는 방법에 의한 분류

(1) 청주(淸酒)

우리나라의 전통술은 거르는 방법과 증류 여부에 따라 크게 탁주·청주·소주 등 세 가지로 나눈다. 전통주는 대개 술독에 고두밥과 물, 누룩을 넣고 버무려 넣어 발효 및 숙성시키는 과정을 거친다. 이때 밥알에 든 녹말이 삭아 당에서 알코올로 바뀌는 동안 탄산가스가 발생한다. 이 탄산가스는 가벼워 공기중으로 빠져나가고 대신 쌀 껍질만 남은 밥알들이 수면 위로 동동 떠오르게 는데 이것은 동동주이다.

자연적인 발효 과정을 거친 술의 알코올 도수는 14~16도 정도입니다. 청주(淸酒)는 이 동동주에 용수(싸리나 대오리로 만든 둥글고 긴 통)를 박아 빈 공간으로 스며든 맑고 투명한 술을 말하는데 맛과 향도 좋아 주로 귀족이나 부자들이 마셨고, 조상 제사에 올리는 제주(祭酒)의 으뜸이기도 한다.

(2) 탁주(濁酒)

탁주(濁酒)는 청주를 떠내고 남은 것을 자루 또는 체에 내려 술지게미는 걸러내고 받은 술, 또는 용수를 박지 않고 청주도 떠내지 않은 채 걸러낸 탁한 빛깔의 술 모두를 가리킨다. 옛 문헌에서는 탁주를 백주(白酒), 농주(農酒)라고도 불렀다 한다.

(3) 막걸리

막걸리는 청주가 섞이지 않은 탁주나 청주를 떠내지 않고 그대로 짜낸 탁주에 물을 적당량 섞어 또 한 번 자루나 체에 걸러내면 막걸리가 된다. 대부분의 막걸리는 알코올 도수가 낮아져 6~8도를 넘지 않는다. 막걸리란 명칭도 체에 '막 거르는 정성들이지 않고 함부로 걸러낸 술'이란 뜻을 담고 있으며, 탁주와 같이 탁한 빛깔을 가지고 있다.

막걸리는 서민들 사이에서 통용되던 이름으로 1916년 조선총독부가 '주세령'을 발표하면서 처음 공식적으로 불리게 된 것이다. 전국 각지의 양조장에서 초기에는 탁주만 팔았는데 점점 쌀이 부족해지면서부터 물을 섞어 팔게 됐고, 당시 주세법은 물 탄 탁주를 물 안 탄 탁주와 구분하려고 '막걸리'라는 상표를 붙이기 시작했다.

(4) 소주(증류주)

양조주보다 순도 높은 주정을 얻기 위해 1차 발효된 양조주를 다시 증류시켜 알코올 도수를 높인 술이다. 증류는 알코올과 물의 끓는점의 차이를 이용하여 고농도 알코올을 얻어내는 과정으로 양조주를 서서히 가열하면 끓는점이 낮은 알코올이 먼저 증발하는데, 이 증발하는 기체를 모아서 냉각시키면 다시 고농도의 알코올 액체를 얻어낼 수 있다.

제4장
술 빚기의 조건과 순서

1. 우리 술 빚기의 6가지 조건

우리 술을 빚기 위해 반드시 필요한 재료들이 있다. 쌀과 같은 곡류, 효효제인 누룩 그리고 물이 가장 중요한 재료라고 말할 수 있고 술을 빚기 위한 발효 온도, 용기와 주변 환경을 나머지 조건으로 볼 수 있다. 우리 술 빚기에서 어느 것 하나도 덜 중요하다고 말할 수 없으므로 술빚기의 6가지 조건으로 정리해 본다.

1) 쌀(Rice)

(1) 벼

벼는 탈곡하기 전의 이삭이 달려있는 상태이며 껍질(왕겨)을 벗기기 전의 낟알 상태의 알곡을 말한다. 장립형인 인디카(indica)와 단립형인 자포니카(japonica)로 구분하고 최근에는 온대 자포니카와 열대 자포니카로 구분한다.

우리나라에서는 이전의 자포니카형의 품종에서 1970년대에 이르러 인디카형과 자포니카형의 품종에서 교잡종인 '통일형'이 개발되어 쌀의 자급 이루게 되었고 1980년대의 통일형은 수확량은 높으나 밥맛이 자포니카형에 미치지 못해 자취를 감추었으며 자포니카형인 일품, 추정, 다산, 대안등 다수의 고품질 벼가 생산되고 있다.

(2) 현미·백미

현미는 벼의 열매에 해당하는 부분으로 4개 층으로 된 과피와 2개층의 종피, 싹과 뿌리가 나오는 배아(embryo), 영양 공급원이 되는 배유(endosperm)로 구성되어 있다. 벼 껍질은 대개 벼 알의 15~30% 차지하고 있으며 미강층은 과피, 종피, 호분층으로 구성되어있다.

백미를 만들 때의 도정비율은 92%이다. 백미는 주로 탄수화물로 구성되어 있고 대부분 전분으로 되어 있다. 생쌀에 있는 전분은 인체 내에서 거의 소화되지 않으므로 밥으로 조리 되어야 체내에서 소화되어 포도당으로 분해가 된다.

도정도, 도정률, 도감률의 관계(농산식품가공학)

도정도	도정률(%)	도감률(%)
현미	-	0
5분도미	96	4
7분도미	94	6
10분도미(백미)	92	8

도정률에 따른 성분변화(발효공학)

정미비율	수분(%)	단백질(%)	지방(%)	전분가
현미	13.3	7.95	1.9	69.63
90%	13.3	7.24	0.55	72.75
80%	12.9	6.36	0.1	74.62
70%	11.8	5.83	0.076	75.75
60%	11.0	5.47	0.045	76.88
50%	11.0	5.12	0.035	78.34

(3) 도정

백미는 현미에서 미강을 완전히 제거상태를 말하고 식감이나 맛이 좋아지고 유통 중 지방 산패에 의한 변질을 최소화 할 수 있다. 일본 청주의 경우 별도의 술 빚는 쌀을 만들고 50%까지 도정하기도 하고 쌀알 바깥부분에 있는 단백질, 회분, 지질을 깎아 내기도 하는데 양질의 전분이 들어있는 심백(쌀의 가운데 흰 부분) 부분만을 쓰기 위해서이다. 일반적으로 양조장에서는 일반 밥쌀용과 같이 10분 도미 정도를 사용한다.

우리나라 술 제조법에서는 밀을 이용해 만든 누룩을 사용하여 술을 빚기 때문에 누룩의 여러 가지 영양성분과 향기성분 등이 발생하는 특징이 있다. 술 빚기에서 더 많은 향기나 영양을 위해서 현미 상태의 다양한 기능성 쌀을 이용하는 경우도 있다. 그러므로 우리 술 빚기에서는 일본 청주처럼 도정하시 않아도 된다.

(4) 쌀의 일반 성분

백미는 주로 전분으로 되어 있으며 아밀로오즈(amylose)와 아밀로펙틴(amylopectin)으로 구성되어 있다. 찹쌀은 아밀로펙틴으로 멥쌀은 20~30%의 아밀로오즈와 70~80%의 아밀로펙틴으로 구성되어 있다. 쌀이 함유하고 있는 식이섬유는 인간의 소화효소로 가수분해 되지 않는 탄수화물로 인체 내에서 여러 가지 역할을 하고 식이섬유의 공급원으로 중요한 역할을 한다. 백미 중 소화 흡수되지 않는 전분도 식이섬유와 유사한 작용을 한다.

현미에 함유되어있는 식이섬유 헤미셀룰로오즈(hemicellulose)와 피트산(Phytic Acid)은 여러 가지 생리 활동에 도움을 준다. 쌀 단백질은 다른 곡류에 비해 양질의 단백질 함량 적지만 필수 아미노산인 라이신(lysine) 함량이 옥수수, 조, 밀가루보다 약 2배 정도 높다. 지방은 현미에 2.5% 함유되어 있고 쌀의 지방산은 약 75%이상이 불포화지방산이며 포화지방산이 적어 지방으로 인한 성인병 위험이 낮다. 쌀에는 회분, 인, 칼륨, 칼슘, 마그네슘, 나트륨, 철분 등을 함유하고 있고 비타민B복합체가 풍부하다.

찹쌀과 멥쌀의 구성

구분	찹쌀	멥쌀
아밀로오즈(amylose)		20~30%
아밀로펙틴(amylopectin)	거의 100%	70~80%

양조용 원료미(原料米)의 조건
- 쌀알이 굵고 크기가 균일하며 흡수성이 좋은 것
- 심백 량이 많은 것
- 14%정도의 수분을 함유하고 증자가 용이한 것
- 전분의 함량이 많고 단백질이나 지방의 양이 적은 것

2) 누룩

집집마다 술을 빚던 가양주 시대에는 직접 누룩을 만들어서 사용해왔고 지금도 직접 만들어 사용하기도 한다. 만일 누룩을 구입해서 사용해야 한다면 전문적으로 누룩을 만들어서 판매하는 곳에서 구입을 해야 한다. 예를 들면, 누룩을 만드는 시기, 품질, 관리 등을 믿을 있는 곳이어야 한다. 좋은 누룩이 좋은 술을 만든다. 그렇다면 좋은 누룩은 어떤 누룩인가를 생각해 보아야 한다.

우선 완성된 누룩의 겉 표면은 짙은 색의 곰팡이가 피어 있으면 좋지 않고 약간 회백색, 황회색을 띄고 있는 것이 좋고, 쪼개어 보았을 때 회백색, 황회색 곰팡이를 중심으로 많이 피어 있는 것, 그리고 짙은 갈색이나 검은색, 푸른색곰팡이가 없는 것이 좋은 누룩이라 볼 수 있다.

잘 만들어진 좋은 누룩에서는 밀의 구수한 향이 난다. 된장에서 나는 짙은 향이나 묵은 냄새등이 나는 것은 술빚기에 좋은 누룩이 아니다.

누룩의 향이나 색이 좋다 하더라도 실제로 당화력이 낮은 것은 좋은 발효제가 될 수 없으므로 당화력을 살펴보고 당화력이 높은 누룩을 구입하는 것이 좋다. 모든 조건을 다 갖춘 누룩이라 하여도 사용하기 전에 콩알 만 하게 부수어 법제를 마친 누룩으로 술을 빚어야 누룩향이 적게 나고 이상발효가 일어나는 것을 방지할 수가 있다.

법제의 목적

법제	낮	밤
햇빛	살균, 탈색	
수분(이슬)	건조(탈취)	수분흡수, 미생물 활성

좋은 누룩의 조건

좋은 누룩의 조건	내용
곰팡이	흰색, 황색, 회색, 회백색, 황회색곰팡이
향	구수한 향
당화력(역가/ s.p.)	당화력이 높은 것, 대부분 300sp

법제는 사용하기 2~3일 정도 밤이슬을 맞추고 낮에는 일광욕을 통해 누룩취와 잡균 등을 제거하는 것을 말하는데, 법제의 유무에 따라 술의 질에 많은 차이가 나게 된다.

3) 물

술의 성분 중에서 80% 이상이 물이고 원료(쌀, 전분)가 술로 변하는데 많은 효소작용이 행해지고 있으며 이 모든 것들이 물 안에서 이루어진다. 물 안에 들어 있는 미량의 무기성분이 미생물의 영양분과 자극제로 중요한 역할을 하며 술의 일부가 되는 담금용수 외에도 원료세척, 침지용수, 희석용수, 새척용수 등으로 사용된다.

술을 빚을 때 주조용수로서 구비조건은 무색, 투명, 무미, 무취이어야 하고 중성 또는 약 알칼리성이어야 한다. 유해성분인 철, 암모니아, 아질산, 유기물이 적어야 하고 유해 미생물(병원균, 부조 유산균)이 적은 물로 술을 빚이야 술의 질이 좋아진다

고(古)문헌의 양조용수

문헌	특징
증보산림경제	샘물을 써야 술맛이 맑고 달다. 샘물의 맛이 좋지 아니하면 술맛 역시 아름답지 못하다. 청명날이나 곡우날에 흐르는 강물로 술을 빚으면 술 빛이 맑고 맛이 오래갈 수 있으나 기후에 맞는 때를 취함이라. 가을에 이슬이 짙게 내릴 때 이슬을 맞아서 술을 빚으면 술맛이 맵다. 술 빚는 물은 끓여서 식혀 쓰고 밥이나 누룩은 쉬지 않아야하고 여름철에는 더욱 조심해야 한다.
술 만드는 법	우물물은 못쓰고 장류수(長流水)로 한다.
조선무쌍 신식요리제법	물은 샘물이나 정화수를 백번 고부쳐 끓여 식혀서 쓴다.
규합총서	물맛이 사나우면 술이 또한 아름답지 않은 법이다. 청명일, 곡우일에 강수로 술을 빚으면 빛과 맛이 특별히 아름다우니 때의 기운을 받기 때문에 그러하다. 또 가을에 이슬이 많이 내릴적에 이슬을 받아 술을 빚으면 이름이 추로백(秋露白)이니 특히 향기롭고 톡 쏘는 맛이 있다.

출처: 이효지/한국의 전통 민속주. 한양대 출판원

주조용수로서 유효성분인 칼륨(K), 인(P), 칼슘(Ca), 염소(Cl)를 적당히 함유하고 있어야 한다.

물은 흔히 경수와 연수로 나누는데, 경수는 힘이 센 물로 술덧에서 발효가 잘되고 원료가 잘 삭는 물로서 알코올 도수가 높은 술이 되고 연수는 힘이 약한 물로 알코올 도수가 낮은 술이 된다.

주조 용수로서 좋은 물의 특징

- 성상: 무색, 투명, 무미, 무취
- 암모니아: 흔적 이하
- 아질산: 흔적 이하
- 유기물: 6.3mg 이하
- 칼슘, 마그네슘: 30~100mg 이하
- 반응: 중성, 또는 약 알칼리성
- 질산: 흔적 이하
- 철분: 0.05mg 이하
- 염소: 30~100mg 이하 (1ppm이하)

4) 온도

미생물의 증식에는 균의 종류에 따라 각각 일정하게 발율할 수 있는 최적 온도가 있는데 일반적으로 발효에 이용되고 있는 미생물인 곰팡이, 효모, 젖산균등은 보통 23~25℃ 정도에 발효조를 놓아두면 처음에는 고두밥이 부풀어 오르고 1일에 2~3회 저어주면 누룩속의 효소의 작용으로 전분질이 당으로 전환되어 묽어지기 시작한다. 이때에 효모의 증식이 활발해지고 발효가 진행되어 품온이 오르기 시작한다. 술덧의 품온이 28℃ 정도를 넘지 않도록 해주는 것이 중요하다.

밑술을 만드는 경우에 품온 관리가 좋은 밑술을 만드는 중요한 조건이 되는데, 보통 밑술 담금 후 20~25℃정도로 품온을 지속하다가 탄산가스가 생기고부터 23℃ 이하가 되게 품온 관리를 하는 것이 좋다. 겨울철에 품온의 온도가 낮아 발효가 중단이 되어도 당화는 계속되어 감패(甘敗)하는 경우가 있다. 이런 경우에는 보쌈(발효조 감싸기)을 해서 발효조 온도를 유지해 주어야 한다. 여름철에는 자칫 발효온도가 높아져서 약성밑술(주모)이 되기도 한다. 약성밑술(주모)는 품온이 높아서 효모 증식에 저해를 주어 효모의 수가 적은 것 또는 오래 경과하여 죽은 효모가 많은 것을 말하는데 밑술을 만드는 목적이 효모의 증식이기 때문에 효모가 잘 번식할 수 있는 품온이 되게 온도관리를 해야 한다.

5) 용기

술을 빚을 때 이용하는 기구는 여러 가지가 있지만 가장 중요한 것은 술덧을 담는 용기인 항아리를 첫 번째로 들 수 있다. 술 담기 전에 우선 용량에 맞는 항아리를 선별하여 소독할 필요가 있는데 옛 어른들은 물을 채워 잘 우려서 말린 항아리 속에 볏짚을 태워 연기로 소독을 하기도 하고 솥에 물을 끓여 증기로 소독을 하여 사용하기도 하였다. 이것은 모두 잡균의 오염 방지를 위함이고 술 빚을 독 뿐 만 아니라 일체의 그릇이며 주변도 정갈하게 하는 것이 술 빚기의 주요한 일이었다.

최근에는 항아리 뿐만 아니라 스텐레스 발효조나 유리, 법랑 등을 많이 사용하고 있다. 어느 용기를 사용하건 발효 중에 탄산가스가 밖으로 배출될 수 있어야 하고 소독을 완벽하게 할 수 있어야 한다.

6) 환경

술을 빚을 때 재료나 용기를 깨끗하게 다루어야 한다는 뜻으로 술 빚는 발효조가 있는 주변의 환경이 중요하다. 옛 어른들은 술 빚는 날이면 몸을 깨끗이 하고 의복을 새 옷으로 갈아입고 마음을 단정히 한 후 술을 빚었다는 기록이 있다. 그것은 그만큼 정성을 들여 잡균의 오염을 방지하기 위하여 몸과 마음 뿐 아니라 주변도 정갈하게 하였던 것이다.

2. 우리 술 빚기의 순서

1) 쌀 씻기

쌀 씻기는 술 빚기 전에 해야 하는 작업 중 첫 번째 일이다. 쌀을 도정하고 나면 표면에 이물질들이 많이 끼어있어 이러한 것들을 제거하고 술을 빚어야 색이나 향이 좋은 술을 얻을 수 있다. 문헌에서 '쌀을 백세(百洗)하여'라는 기록이 있는 것과 같이 여러 번 쌀을 씻어서 맑은 물이 나올 때 까지 맑게 씻어야 한다.

쌀 씻기는 3단계로 나누어 하는데, 첫 번째는 쌀 표면의 이물질을 제거하는 것으로 가볍게 한 번 헹구어 준다. 두 번째는 물을 충분히 담그어 손가락을 세우고 재빠르게 원을 그리며 쌀이 깨지지 않도록 5~10분 정도를 씻는다. 세 번째로는 여러 번 손가락으로 돌려 씻은 쌀의 물을 버리고 새 물을 충분히 받아서 헹구기를 5~6회 거듭하며 맑은 물이 나올 때 까지 헹군다.

2) 쌀 불리기: 수침, 침미

쌀을 깨끗하게 씻어 이물질을 제거한 후 물에 충분히 담가주어 쌀에 물이 흡수되도록 하는 일이다. 쌀에 따라서 물을 흡수하는 시간의 차이가 있다. 멥쌀은 4~8시간, 찹쌀은 2~4시간정도의 시간이 걸리며 계절에 따라 시간의 차이가 있음을 알 수 있다. 쌀이 물을 충분히 흡수 하였을 때 멥쌀은 25~30%, 찹쌀은 40%정도의 수분이 증가한다. 쌀을 오래 담가둔다고 해서 더 많은 수분을 흡수하는 것은 아니고 쌀의 조직이 연해져서 열을 가하는 가공이 수월해진다. 쌀을 지나치게 오래 물에 담가두는 경우에 쌀의 수용성 물질이 제거될 수 있으므로 너무 오래 담가 두지 않는 것이 좋다.

3) 불린 쌀 물 빼기

쌀을 담가두었던 물을 빼는 과정으로 물을 충분히 받아 3~4회 헹구어 내고 맑은 물이 나오면 체에 밭쳐서 물기를 1시간정도 빼준다. 이미 쌀이 불린 상태이므로 쌀이 부서지지 않도록 천천히 돌려가며 헹군다. 물 빼는 시간에 따라 수분의 함유량이 달라서 술맛에 영향을 줄 수 있다.

4) 쌀가루 내기: 작말(作末)

밑술을 빚어 술을 빚을 때 곡물이 누룩속의 효소에 의해 분해되기 쉽도록 쌀을 가루 내어 가공을 한다. 우리 술을 빚을 때 쌀의 가공방법은 죽, 범벅, 백설기, 물송편, 개떡, 구멍떡, 고두밥 등 여러 가지가 있고 고두밥을 제외하고는 모두 가루를 이용하여 술을 빚는 기법이다. 물 빼기를 마친 쌀을 곱게 빻아 여러 번 체에 쳐서 술 빚기에 이용한다.

5) 쌀 찌기: 증미(蒸米)

쌀 찌기는 가루로 빻지 않고 증기를 이용하여 쌀을 찌는 것이다. 단양주를 빚을 때나 덧술을 빚을 때 고두밥을 이용하는데 쌀을 찌는 것이 쉽게 생각되지만 쌀을 잘 찌지 않으면 당화도 제대로 이루어지지 않고 발효도 잘 일어나지 않는다.

쌀을 찔 때는 물을 끓여 김이 나기 시작하면 물 빼기를 마친 쌀을 면보 위에 넣고 찜통에서 증기로 찐다. 쌀의 양이나 쌀의 종류, 수분 함유의 의 상태, 물 빼기 상태에 따라 찌는 시간의 차이가 있지만 찜통에 쌀을 올리고 김이 다시 나기 시작한 후 찹쌀은 40분, 멥쌀은 1시간이상을 충분히 찐다.

문헌에 보면 물이 적게 들어가는 술 빚기에서 '고두밥을 무르게 찌어'라는 뜻은 고두밥을 찔 때 충분히 쌀이 익은 상태에서 물을 조금씩 뿌려가며 수분을 더 보충하여 무른 고두밥으로 찌는 방법을 말한다.

6) 가공한 쌀의 냉각

술을 빚기 위해 쌀을 익혀 뜨거운 상태를 차갑게 냉각 시키는 과정이다. 가공된 의 높은 온도에서는 미생물들이 제 역할을 할 수 없으므로 미생물의 증식과 발효를 위해 효모가 좋아하는 온도로 식혀준다. 발효과정에서 품온이 오르고 발효조의 온도가 상승하므로 가공된 쌀은 조금 더 차갑게 20~25℃정도로 식힌다.

단맛이 강한 술이나 물이 적게 들어가는 술의 경우는 쌀이 식기 전에 누룩을 넣어 빠른 당화를 유도하기도 한다.

7) 술 빚기 재료의 혼합

익혀서 차갑게 식힌 고두밥이나 죽, 범벅 등을 누룩과 물을 혼합하는 과정으로 전체적으로 고르게 잘 섞어준다. 가루를 이용한 술 빚기에서는 충분히 혼합을 시켜주는 것이 좋으나 고두밥을 이용하여 덧술을 하는 경우 맑은술의 양을 많이 얻기 위해 지나치게 치대지 않는 것이 좋다.

8) 발효조에 담기

잘 혼합된 술덧을 발효조에 담고 난 후 발효조 안 쪽 주변을 알코올등으로 깨끗하게 닦아주어 잡균에 오염되지 않도록 한다. 발효과정 중에 열에너지가 발생하고 술덧의 습기로 인하여 발효조 주변에 이물질이 묻어 있으면 오염을 피할 수 없게 된다.

9) 발효관리

미생물들의 활발한 활동을 위하여 직사광선이 들지 않는 곳에서 20~25℃의 온도를 유지한다. 초기에 당화과정에서 산소공급을 하기 위해 1일에 2~3회의 저어주기(교반)를 실시하고, 후반의 발효과정에서는 탄산가스가 빠져나갈 수 있도록 한 상태에서 뚜껑을 덮어 왕성한 알코올 발효와 향기가 날아가지 않도록 유도한다.

10) 완성주 채주하기

술이 완성되면 짜주머니, 체, 용수 등을 이용하여 채주하고 채주한 술은 냉장고에 넣어 냉각·여과를 하거나 여과기를 이용하여 맑은 술을 얻는다.

찹쌀과 멥쌀의 특성비교

구분	찹쌀	멥쌀
쌀 불리기	2~4시간	4~8시간
쌀 찌기(고두밥)	40분	1시간~1시간 20분
당화, 발효(단양주)	5~10일	10~15일
술맛	sweet(비전환당)	dry

제5장
우리 술의 밑술과 덧술

1. 밑술(주모酒母, 술밑) 빚기

1) 밑술 빚기의 목적

밑술이란 덧술을 빚기 위해 적은 양의 누룩으로 많은 양의 효모를 배양한 상태를 말한다. 밑술을 만들 때에 쌀을 충분히 익혀야 당화가 잘 이루어지고 알코올 발효를 안정적으로 할 수 있다. 효소에 의한 당의 생성이 잘 되어야 효모의 증식과 알코올 발효가 잘 되게 때문이다.

밑술 빚기의 다양한 방법은 술맛이나 향, 알코올 도수 등을 조금씩 다른 다양한 술의 종류를 이끌어 내는 계기가 되었을 것이다. 누룩 속에 들어 있는 효소가 추출되어 죽, 백설기, 범벅이나 고두밥 등의 익힌 정도나 상태에 따라 전분의 당화 속도나 당분으로 전환되는 양(量)이 술의 풍미를 다양하게 만들어 줄 수 있는 것이다. 밑술의 재료 처리방법에 따른 술의 차이를 알아보는 것은 매우 흥미로운 일이고, 우리 술의 우수성을 증명해 보이는 일이기도 하다.

밑술 제조법에 따른 분류

밑술형태	쌀:물	밑술발효기간	대표적인 술	특징
죽	1:5	2~3일	청명주, 석탄주	도수가 낮고 신맛이 강함
범벅	1:1~2	7~10일	백하주, 삼해주	도수가 높고 신맛이 적음
구멍떡	1:1이하	10일 이상	이화주, 하향주	도수가 낮고 단맛이 강하며 방향이 높음
백설기	1:1.5	5~7일	하절주	도수가 높고 감칠맛, 단백
고두밥	1:1.5·	7~10일	두견주, 향온주	다양한 향미 가능

2) 밑술 빚기의 방법

(1) 죽

죽의 형태로 밑술을 빚는 방식은 『제민요술』에도 소개되어있는 방법으로 고대로부터 빚어 오던 대표적인 방법이다. 『산가요록』, 『임원십육지』, 『주방문』, 『음식디미방』 등 우리나라의 대부분의 고문헌에 등장하는 밑술 빚는 방식이다.

죽을 쑤기 위해 쌀 사용량의 5~7배의 물을 사용한다. 덧술에 사용할 용수의 양을 모두 밑술에 사용하여 덧술에서는 물을 사용하지 않는 방법이다. 죽을 차갑게 냉각시킨 후 누룩을 넣고 2~3일간 발효하여 밑술을 완성한 다음 고두밥을 지어 덧술을 한다. 대체로 도수가 낮고 술 빛이 밝으며 단맛이 강하고 청량감과 산미가 있는 술을 얻을 수 있다.

대표적으로 석탄주, 청명주, 만전향주, 일해주 등이 있다.

죽으로 밑술 빚는 법

(2) 범벅

　쌀가루에 끓는 물을 부어 개어서 반쯤 설익은 죽처럼 만들어 식힌 다음 누룩을 넣고 밑술을 빚는 방법이다. 『주방문』, 『음식디미방』, 『규합총서』, 『임원십육지』, 『주찬』, 『김승지댁주방문』 등 고문헌에 가장 많이 소개되고 있는 방법으로 밑술 빚는 방법이 간단하고 시간이 많이 걸리지 않는다.

　밑술이 완성되는 기간은 7~15일 정도이지만 삼해주 등 100일주는 음력 정월에 밑술을 빚는 경우는 30일 이 걸리기도 한다. 술 빚는 용수의 양이 적게 들어가고 발효기간이 길며 알코올 도수가 높은 편이다. 범벅의 술 빚기는 대체로 고급 방향주(芳香酒)에서 많이 나타나고 이양주나 삼양주등 춘주류(春酒類)에 해당된다. 다른 술 빚기에 비해 정성이 필요하고 품질이 좋은 누룩이 필요하며 특별히 고급 청주 빚을 때 사용하는 백곡(白麴)을 많이 사용하였다. 대표적으로 절주, 송절주, 송절주, 경액춘, 도화주, 백하주, 백화춘등 이 있다.

범벅으로 밑술 빚는 법

(3) 백설기

　쌀가루를 찜통에 넣고 증기로 쪄내어 백설기 형태로 밑술을 빚는 법으로 백설기가 차갑게 식으면 물과 누룩을 넣고 골고루 섞어 빚는 방법이다. 『음식디미방』, 『임원십육지』, 『수운잡방』, 『주방문』, 『시의전서』, 『양주방』 등의 문헌에 나타나 있다.

　5~7일 정도의 발효기간이 필요하고 백설기로 빚은 술은 속성주류를 비롯하여 단양주, 이양주, 삼양

주 등 다양한 술 빚기가 이루어지고 있다. 술 빛이 맑고 술맛은 감칠맛이 있으며 부드러운 것이 특징이고 발효가 빠르고 알코올 도수가 높은 편이다. 대표적으로 약산춘, 하절주, 사절주, 순향주, 백화주, 소곡주 등이 있다.

백설기로 밑술 빚는 법

(4) 구멍떡

쌀가루에 끓는 물을 부어 익반죽을 한 후 도넛 모양으로 떡을 만들고 다시 끓는 물에 구멍 떡을 삶아 떡이 다 익어서 떠오르면 건져서 곱게 죽처럼 이개 차갑게 식혀 누룩을 섞어 빚는 방법이다. 『음식디미방』, 『수운잡방』, 『임원십육지』, 『규합총서』, 『시의전서』, 『술 빚는 법』 등에 나타나 있으며 밑술 빚을 때 물이 거의 들어가지 않는 방법으로 걸쭉하여 단맛이 강하고 과일향 등 방향이 뛰어난 술로 얻어지는 술의 양이 매우 적다.

5~10일 정도 발효가 이루어지고 이러한 술 빚기는 일반화 되어 있지 않았고 과거 부유층이나 사대부들이 빚어 마셨던 고급 방향주에서 많이 쓰는 기법이다. 대표적으로 이화주, 점주, 정향주, 팔진주, 하양주, 백일주, 감향주, 황감주등 과일향이 나고 단맛 뛰어나며 저장성이 좋아 여름에도 오래두고 먹을 수 있는 장점이 있다.

구멍떡으로 밑술 빚는 법

(5) 물송편

쌀가루에 끓는 물을 부어 익반죽을 한 후 주먹만 하게 송편을 빚어 다시 끓는 물에 구멍 떡을 삶아 떡이 떠오르면 건져서 곱게 죽처럼 으깨어 차갑게 식혀 누룩을 섞어 빚는 방법이다. 물송편의 특징으로는 끓는 물에서 건져내어 쪼개보면 내부에는 덜 익은 쌀가루가 남아 있는 상태로 범벅과 같은 '반설반익'의 형태이다. 『산림경제』, 『규합총서』 등에 나타나 있는 방법으로 특별히 '삼해주'의 중밑술 빚는 방법으로 알려져 있다. 물송편으로 빚는 술의 맛은 구멍 떡으로 빚는 하향주나 감향주와 비슷하지만 술빛이 더 맑고 향이 좋다는 것을 가장 큰 특징으로 꼽는다.

물송편 밑술 빚는 법

 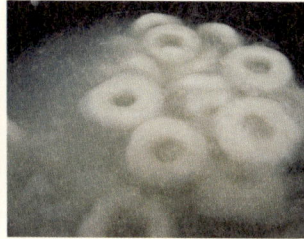 

(6) 고두밥

쌀을 불린 후 낱알 그대로 찜통에 넣고 쪄서 밑술을 빚는 방법으로 원료처리 방법이 가장 간단하고 위생적이다. 7~10일 정도 발효를 하고 우리 술 빚기 중에서 가장 간단한 방법으로 쌀 뿐만 아니라 보리, 조, 차조, 기장, 수수, 옥수수, 메밀 등을 사용할 수 있다. 『주방문』, 『양주방』, 『고사십이집』, 『영주방문』, 『음식디미방』 등에 나타나 있고 고두밥으로 빚는 술은 주로 단양주에서 많이 이용되고 있다.

밑술을 빚는 목적이 '효모의 증식'에 있기 때문에 고두밥이 당화와 발효를 하기에 어려움이 있으므로 밑술을 위한 바람직한 방법은 아니라고 생각한다. 고두밥으로 밑술을 빚은 술은 문헌에도 많이 나타나 있지 않고 죽이나 백설기등으로 빚는 술보다 맛이 억세고 독하게 느껴지고 풍미가 떨어진다. 대표적으로 부의주, 백수환동주, 시급주, 급청주, 연화주, 하일점주 등이 있다.

고두밥으로 밑술 빚는 법

2. 덧술 빚기

1) 덧술 빚기의 목적

발효가 끝난 밑술에 한 번 더 술을 빚는 것을 '덧술'이라 한다. 밑술의 목적이 '효모의 증식'에 있고 덧술의 목적은 '알코올 도수를 높이고 술의 맛과 향을 좋게 하기' 위한 것이다. 알코올 도수를 높여 안정 발효를 유도하고 술의 맛과 향, 색을 좋게 하는 것이다.

한 번의 덧술을 더 하는 것을 '이양주'라 하고 두 번의 덧술을 더 하는 것을 '삼양주'라 한다. 사양주, 오양주 등 덧술을 하는 횟수에 따라 이름이 지어졌다.

이양주와 삼양주

이양주	삼양주
밑술	밑술(1차 밑술)
덧술	중밑술(2차 밑술)
	덧술

2) 이양주 빚기의 덧술

이양주 빚기에서 안정적으로 효모가 증식 되어있는 밑술이 가장 중요하고 그 다음으로 중요한 것은 덧술의 알코올 발효이다. 밑술에서 효모의 증식이 충분히 이루어 졌다면 그 효모가 덧술에서 첨가된 당분을 대량의 알코올로 전환을 하게 된다. 밑술이 좋아야 덧술에서 발효가 잘된다는 것은 덧술 초기에 알코올 발효가 잘 이루어 지지 않으면 잡균에 의한 오염으로 안정 발효가 될 수 없기 때문이다.

밑술과 덧술

밑술	덧술
효모의 증식	안정발효로 술의 양을 늘림
	알코올 도수를 높임
	술의 질을 높임(맛, 향, 색등)

3) 삼양주 빚기의 덧술

밑술에 중밑술이라는 두 번째의 밑술을 빚고, 중밑술이 완성된 후에 덧술 빚는 방법을 삼양주라 한다. 밑술과 중밑술이 많은 양의 효모를 증식을 하고 덧술에서 밑술의 효모를 이용하여 활발한 알코올 발효를 한다. 한 번의 효모 증식을 이용하는 이양주에 비해 중밑술로 한 번 더 확대배양을 하는 삼양주 발효법이 더 많은 효모의 증식이 이루어져 있으므로 훨씬 빠르고 왕성한 발효를 하게 된다.

   삼양주 기법을 이용하여 술 빚기는 밑술의 효모 증식을 통해 단양주나 이양주보다 적은 양의 누룩으로 많은 양의 술을 빚을 수 있기 때문에 완성주에서 누룩향이 적게 나고 알코올 발효가 왕성하여 술맛을 좋게 하는 원인이 된다. 두 번의 밑술과 많은 양의 덧술을 하여 안정적인 발효를 할 뿐만 아니라 많은 양의 안정 발효된 좋은 술을 얻을 수 있게 된다. 삼양주에서 얻어지는 술의 알코올 도수는 이양주의 알코올 도수보다 더 높게 나타나고 술의 질은 훨씬 좋은 결과를 볼 수 있다.

밑술과 중밑술, 덧술

밑술	중밑술	덧술
효모의 증식	효모의 확대배양	전체 술의 양을 늘림
		이양주보다 높은 알코올 도수
		술의 질을 높임(맛, 향, 색등)

제6장
우리 술 빚기 실습

1. 탁주: 단양주

1) 부의주[浮蟻酒, 동동주]

고려시대 이후부터 알려진 지방 술로 청주(清酒)를 떠내지 않고 밥알이 그대로 떠 있는 술로, 경기도 화성 지역의 민속주로서 술 위에 밥풀이 동동 뜬 것이 마치 개미가 동동 떠 있는듯하여 동동주 또는 부의주(浮蟻酒)라 하였다. 멥쌀·누룩·밀가루·물로 빚는 법과 찹쌀·누룩가루·물로 빚는 법이 있다. 1983년 문화재관리국에서는 경기도 화성지역의 시도지정 무형문화재 제2호 동동주 제조기능자로 권오수(權五守)씨를 지정하였다.

재료 및 분량

찹쌀 4kg, 누룩 800~1kg, 물 5~6L

술 빚는 법

1. 찹쌀을 깨끗이 씻어 3시간 정도 물에 담가 불린다.
2. 물 6L를 끓여 차게 식힌다.
3. 누룩을 물에 3시간 이상 담가 수국(침국) 상태로 만든다.
4. 찹쌀을 건져서 물기를 1시간 정도 빼고 김 오른 찜통에 40분 정도 고두밥을 찐다.
5. 수국의 누룩을 자루에 넣고 짜서 누룩 물을 준비한다.
6. 고두밥을 차게 식혀 누룩 물에 넣어 덩어리 없이 잘 풀어 버무린 후 항아리에 담아 면보로 덮고 22~25℃에서 7~10일 정도 발효시킨다.

2) 이화주 [梨花酒]

배꽃 피는 무렵에 빚어 먹었던 술로 빛이 희고 향이 좋아 백설향(白雪香)이라 불리었다. 『동국이상국집』, 『한림별곡』에 의하면 고려시대부터 마시던 술로 간주되며 『산가요록』에 수록된 것으로 미루어 조선시대 궁중의 술로 여겨진다. 이화주는 쌀누룩인 이화곡을 넣고 빚으며 물이 적게 들어가 죽처럼 떠먹는 술로 술맛이 달고 새콤한 것이 특징이다.

재료 및 분량

멥쌀 1kg, 이화곡 400g, 구멍떡 삶은 물 300~500mL

술 빚는 법

1. 멥쌀을 깨끗이 씻어 3시간 정도 물에 담가 불린후 곱게 가루로 빻아 체에 내린다.
2. 쌀가루를 익반죽하여 구멍떡을 만들고 끓는 물에서 삶아낸다.
3. 구멍떡에 떡 삶은 물을 넣으면서 죽처럼 만든다.
4. 이화곡을 절구에 빻아 체에 내린다.
5. 죽이 식으면 누룩가루와 떡 삶은 물을 넣고 골고루 섞은 후 항아리에 담아 면보로 덮고 22~25℃에서 10~15일 정도 발효시킨다.

3) 사과 막걸리

사과를 끓여 차로 마시면 뇌를 보호하고 유해물질을 제거하는 효능이 있으며, 사과의 성분 중 당분과 유기산·팩틴은 몸 안에 쌓인 피로 물질을 제거하는 역할을 한다.

재료 및 분량

찹쌀 4kg, 사과 2kg, 누룩 800g, 끓여 식힌 물 6L

술 빚는 법

1. 찹쌀을 깨끗이 씻어 물에 담갔다가 고두밥을 찐다.
2. 고두밥을 차게 식힌다.
3. 물에 누룩을 담가 불린다.
4. 사과를 깨끗이 씻어 4쪽으로 자른 후 씨를 제거하고 얇게 편으로 썬다.
5. 고두밥에 누룩 담근 물을 넣고 버무리다가 사과를 넣고 골고루 버무린 후 항아리에 담는다.
6. 23~25℃에서 여름에는 5일, 겨울에는 7일정도 발효시킨다.

4) 단호박 막걸리

베타카로틴이 풍부한 단호박은 눈 건강에 도움을 주며, 비타민 함량이 높아 감기예방에도 좋다.

재료 및 분량

찹쌀 4kg, 단호박 1kg, 누룩 1kg, 생막걸리 2L, 끓여 식힌 물 2L

술 빚는 법

1. 찹쌀을 깨끗이 씻어 물에 담갔다가 고두밥을 찐다.
2. 고두밥을 차게 식힌다.
3. 단호박을 씨와 껍질을 제거하고 찜통에 찐다.
4. 물에 단호박을 넣고 믹서기에 갈고 나머지 물에 누룩을 불린다.
5. 고두밥에 막걸리를 넣고 버무리다가 단호박물을 넣고 골고루 버무린다.
6. 누룩 불린 물을 넣고 같이 골고루 버무린 후 항아리에 담는다.
7. 23~25℃에서 여름에는 5일, 겨울에는 7일정도 발효시킨다.

5) 동방주[東方酒: 진도]

막걸리에 누룩을 담아 불려 담근 달큰한 향의 우리 술, 초보자도 쉽게 담글수 있다.

재료 및 분량

멥쌀 2.4kg, 누룩 500g, 막걸리 6L

*막걸리는 살균하지 않은 생막걸리 사용

술 빚는 법

1. 멥쌀을 깨끗이 씻어 충분히 불린 후 건져 물기를 뺀다.
2. 물기를 뺀 쌀을 무르게 고두밥을 찌고 차게 식힌다.
3. 막걸리에 누룩을 담아 충분히 불린다.
4. 누룩을 체에 걸러 차게 식혀둔 고두밥에 버무려 항아리에 담는다.
5. 20~25℃의 실내에서 5~6일간 발효시킨다.
6. 밥알까지 함께 떠서 마시는데, 단맛이 강한 것이 특징이다.

6) 복분자 막걸리

복분자를 넣어 빚은 술로 복분자에 함유된 안토시아닌 색소는 피로회복, 정혈작용 및 갱년기장애에 도움을 주며 몸을 따뜻하게 해준다. 복분자를 냉동에 보관하였을 경우 과즙이 손상되지 않도록 바로 버무려 사용한다.

재료 및 분량

찹쌀 5kg, 복분자 2kg, 누룩 1kg, 생막걸리 3L, 끓여 식힌 물 3L

술 빚는 법

1. 찹쌀을 깨끗이 씻어 물에 담갔다가 고두밥을 찐다.
2. 고두밥을 차게 식힌다.
3. 물에 누룩을 담가 불린다.
4. 고두밥에 막걸리를 넣고 버무리다가 복분자를 넣고 골고루 버무린다.
5. 누룩 불린 물을 넣고 같이 골고루 버무린 후 항아리에 담는다.
6. 23~25℃에서 여름에는 5일, 겨울에는 7일정도 발효시킨다.

2. 청주: 단양주

1) 청감주[青甘酒]

물을 사용하지 않고 대신 좋은 술을 써서 빚으면 그 맛이 꿀맛과 같이 달다고 한다.

- 좋은 술 대신 막걸리를 넣어도 좋다.
- 물과 막걸리를 반반씩 넣으면 안정적인 발효가 된다.
- 막걸리는 오래 숙성된 것보다 발효가 막 끝난 술이 좋다.

재료 및 분량

찹쌀 4kg, 누룩 500g, 물 4~5L (생 막걸리 2.5L, 물 2.5L)

술 빚는 법

1. 찹쌀을 깨끗이 씻어 3시간 정도 물에 담가 불린다.
2. 불린 쌀을 1시간정도 물을 뺀 후 김이 오른 찜통에서 40분간 고두밥을 찌고 차갑게 식힌다.
3. 생 막걸리에 누룩가루를 담가 두었다가 식힌 고두밥을 넣고 골고루 버무린다.
4. 항아리에 담고 23~25℃에서 10일~15일정도 발효시킨다.

2) 백수환동주[白首還童酒, 양주방]

백수환동곡이라는 특수 누룩으로 빚은 술로 매우 보익하여 온갖 병을 물리치고 골수를 꼭 차게 하므로 허약한 사람에게 좋다고 한다. 머리가 흰 늙은이가 도로 아이가 되는 술이라 하여 붙여진 이름으로 하늘나라의 세 가지 으뜸가는 봄이라 하여 '상천삼원춘'이라고도 한다.

백수환동주에 대한 기록은 『양주방, (1837년)』에 있으며, 하늘나라에서도 비밀방문이므로 너무 헛되게 전하여 세상의 더러운 사람으로 하여금 배우게 하지 않는 게 좋다고 하였다.

재료 및 분량

찹쌀 4kg, 누룩가루 800g, 냉수 8L

술 빚는 법

1. 찹쌀을 깨끗이 씻어 2~4시간 불린 후 헹구어 물기를 뺀다.
2. 김 오른 찜통에서 40분간 고두밥을 찐다.
3. 찜통을 쳇다리에 올려놓고 찬물을 부어 고두밥을 식힌다.
4. 고두밥에 더운 기운이 사라지면 누룩가루를 섞는다.
5. 발효가 끝난 21일 후에 떠서 사용한다.

양주방의 술 빚는 법

누룩 빚기

재료 및 분량_ 녹두 한 말, 찹쌀 닷 되

정월 초열흘 전에 녹두 한 말을 맷돌에 타서 껍질은 벗기고 겨우 익을 만큼 찐 다음 찹쌀 다섯 되를 깨끗이 씻어 가루로 만든다. 녹두 찐 것을 방아에 찧으며 찹쌀가루를 켜켜로 넣으며 한 데 섞이거든 배꽃술 누룩 같이 쥐어서 솔잎에 재워둔다. 7일 뒤 뒤집어 재우고 2주 후 바람을 쐬고 세이레 후 아주 말려둔다.

술 빚기

재료 및 분량_ 찹쌀 한 말, 냉수 두 동이, 누룩가루 두 되

여름에 찹쌀 한 말을 깨끗이 씻어 담갔다가 익게 지에밥을 쪄서 시루째 쳇다리 위에 놓고 냉수 두 동이를 끼얹어 더운 기운이 없도록 저어가며 씻는다. 여기에 누룩가루 두 되를 넣으며 섞어 항아리에 담고 부리를 굳게 싸매어 차가운 곳에 보관한다. 3주 후 따라내어 사용한다.

3. 청주: 이양주

1-1) 죽으로 빚는 술: 석탄주[惜呑酒, 주방문]

차마 목에 삼키기에 애석할 정도로 맛있는 술로 "향기와 달기가 기특하여 입에 머금으면 삼키기가 아깝다"는 뜻에서 '석탄주'라는 이름을 얻었다.

재료 및 분량

밑술_ 멥쌀 2kg, 누룩 1kg, 물 6~8L
덧술_ 찹쌀 4kg

술 빚는 법

<밑술>
1. 멥쌀을 깨끗이 씻어 3~4시간 불렸다가 건져 가루로 빻는다.
2. 물을 끓여 쌀가루를 넣고 푹 퍼지게 죽을 쑨 후 잘 익혀 차게 식힌다.
3. 차게 식힌 죽에 누룩을 섞어 고루 버무린다.
4. 술독에 담아 안치고, 20~25℃에서 3·4일간 발효시킨다.

<덧술>
1. 찹쌀을 깨끗하게 씻어 하룻밤 불렸다가 건져서 물기를 뺀다.
2. 물기가 빠지면 고두밥을 지어 차게 식힌다.
3. 밑술에 차게 식힌 고두밥을 넣고 고루 버무린 뒤, 술독에 담아 안쳐서 20~25℃에서 7일간 발효시킨다.

1-2) 죽으로 빚는 술: 일일주[一日酒, 규합총서]

다양한 방법으로 일일주를 빚었으나 규합총서의 일일주는 죽으로 빚은 것이 특징이다. 저녁에 빚어 다음날 아침에 먹을 수 있는 술로 농번기에 많이 빚었던 속성주 이다.

재료 및 분량
찹쌀 2kg, 누룩 1kg, 물 4~5L

술 빚는 법
1. 찹쌀을 깨끗이 씻어 불린 후 가루를 빻는다.
2. 물에 가루를 풀고 죽을 끓인다.
3. 죽이 따뜻할 때 누룩을 넣고 골고루 섞은 후 항아리에 담는다.
4. 28℃정도의 따뜻한 온도에서 발효한다.

1-3) 죽으로 빚는 술: 벽향주[碧香酒, 규곤시의방 별법]

평양지방에서 빚었던 대표적인 술이다. 춘주류(春酒類)에 속하며 죽을 쑤고 밀가루가 들어가는 것이 특징이다.

재료 및 분량
밑술_ 멥쌀 1kg, 누룩 800g, 밀가루 200g, 끓는 물 4L
덧술_ 멥쌀 4kg , 물 3L

술 빚는 법

<밑술>
1. 멥쌀과 찹쌀을 깨끗이 씻어 불린 후 물기를 빼고 가루로 빻는다.
2. 가루를 물에 풀고 죽을 끓여 식힌다.
3. 누룩가루와 밀가루를 고루 섞어 버무린 후 술독에 담아 22~25℃에서 5~7일정도 발효시킨다.

<덧술>
1. 멥쌀을 깨끗이 씻어 물에 하룻밤 담갔다가 고두밥을 찐다.
2. 고두밥에 끓는 물을 붓고 버무려 차게 식혀 밑술과 섞어 술독에 담는다.
3. 22~25℃에서 10일정도 발효시킨다.

1-4) 죽으로 빚는 술: 애주[艾酒]

쑥을 이용하여 빚는 술로 쑥은 양기가 가장 높은 시기인 5월에 빚는 것이 좋다.

재료 및 분량

밑술_ 멥쌀 2kg, 누룩 800g, 물 4L

덧술_ 찹쌀 4kg, 참쑥 200g, 물 3L

술 빚는 법

<밑술>

1. 멥쌀을 깨끗이 씻어 불린 후 가루로 빻는다.

2. 물에 가루를 풀고 죽을 끓여서 식힌다.

3. 죽이 식으면 누룩을 넣고 골고루 버무려 술독에 담아 22~25℃에서 7~10일 정도 발효시킨다.

<덧술>

1. 찹쌀을 깨끗이 씻어 불린 후 깨끗이 씻은 쑥을 얹어 고두밥을 찐다.

2. 고두밥을 펼쳐 식으면 밑술과 물을 넣고 골고루 버무려 술독에 담는다.

3. 22~25℃에서 10~15일 정도 발효시킨다.

2-1) 설기로 빚는 술: 벽향주[碧香酒, 증보산림경제]

평양지방의 춘주류(春酒類)로 누룩을 적게 사용하여 빚은 술이다.

재료 및 분량

밑술_ 멥쌀 1kg, 누룩 800g, 밀가루 200g, 끓는 물 2L

덧술_ 멥쌀 4kg, 물 4L

술 빚는 법

<밑술>

1. 멥쌀을 깨끗이 씻어 물에 하룻밤 담갔다가 가루를 내어 백설기를 만든다.

2. 여기에 끓는 물 2L를 섞어 식힌다.

3. 누룩가루와 밀가루를 고루 섞어 버무린 후 술독에 담는다. 7일 뒤에 덧술을 한다.

<덧술>

1. 멥쌀을 깨끗이 씻어 물에 하룻밤 담갔다가 고두밥을 찐다.

2. 끓는 물 4L를 섞어 고두밥을 차게 식혀 밑술과 섞어 술독에 담는다.

2-2) 설기로 빚는 술: 소곡주[少麯酒, 부녀필지]

'누룩을 적게 넣은 술'이라는 뜻으로 소곡주라 하며, 술맛이 너무 좋아 앉아서 마시기 시작하면 도저히 일어날 수 없다는 일화에서 '앉은뱅이 술'이라고도 한다.

재료 및 분량

밑술_ 멥쌀 2kg, 누룩600g, 물 3L

덧술_ 찹쌀 4kg, 물 4L

술 빚는 법

<밑술>

1. 멥쌀을 깨끗이 씻어 3~4시간 불렸다가 건져 곱게 가루로 빻는다.
2. 김이 오른 찜통에 쌀가루를 넣고 20분간 백설기를 찐다.
3. 죽은 푹 퍼지게 잘 익혀 차게 식힌 후 누룩을 섞어 고루 버무린다.
4. 항아리에 담아 안치고, 20~25℃에서 3~4일간 발효시킨다.

<덧술>

1. 찹쌀을 깨끗하게 씻어 3시간정도 불렸다가 건져서 물기를 뺀다.
2. 김이 오른 찜통에서 40분 동안 고두밥을 지어 차게 식힌다.
3. 밑술에 차게 식힌 고두밥을 넣고 고루 버무린 뒤, 항아리에 담아 안쳐서 20~25℃에서 7일간 발효시킨다.

2-3) 설기로 빚는 술: 약산춘 [藥山春, 음식디미방, 산림경제]

조선시대의 대표적인 청주류의 하나로 정월(正月) 추울 때 빚어 2~3회 덧술을 하며 알코올 도수가 높은 고급 청주로 춘주류(春酒類)에 속하는 대표적인 술로 『임원십육지』에는 '약산춘방'(眞面), 『치생요람』, 『증보산림경제』, 『고사십이집』에는 '약산춘법'(眞末)으로 기록되어 있다.

재료 및 분량
밑술_ 멥쌀 2kg, 누룩 1kg, 끓여서 식힌 물 3L
덧술_ 멥쌀 2kg, 끓여서 식힌 물 3L

술 빚는 법

<밑술>

1. 하루 전날, 절반의 물 2L에 누룩을 담가둔다.
2. 멥쌀을 깨끗이 씻어 충분히 불린 후 건져 물기를 뺀 후 가루로 곱게 빻는다.
3. 가루를 백설기로 찐 다음 차게 식힌다.
4. 백설기에 누룩 거른 물 2L를 섞어 골고루 풀어 버무린 후 항아리에 담는다.

<덧술>

1. 하루 전날 멥쌀을 깨끗이 씻어 충분히 불린다.
2. 불린 쌀을 물기를 뺀 후 고두밥을 찌고 차갑게 식힌다.
3. 차갑게 식힌 고두밥에 밑술과 물을 섞어 고루 버무려 항아리에 담는다.

2-4) 설기로 빚는 술: 인삼주[人蔘酒]

수삼과 솔잎을 이용하여 빚는 술로 솔향이 인삼의 향을 더욱 돋보이게 하는 술이다.

재료 및 분량

밑술_ 멥쌀 2kg, 누룩 800g, 끓는 물 3L

덧술_ 찹쌀 4kg, 누룩 200g, 수삼 300g, 솔잎 100g, 물 4L

술 빚는 법

<밑술>

1. 멥쌀을 깨끗이 씻어 불린 후 가루로 빻아 찜통에 가루를 넣고 설기로 찐다.
2. 설기가 식기 전에 끓는 물을 부어 죽처럼 만들고 차게 식힌 후 누룩을 넣고 고루 버무려 항아리에 담는다.
3. 22~25℃ 정도에서 5일간 발효시킨다.

<덧술>

1. 찹쌀을 깨끗하게 씻어 하룻밤 물에 불려 건져서 물기를 뺀 후 솔잎을 얹어 고두밥을 짓는다.
2. 고두밥을 차게 식힌 뒤 밑술에 물과 누룩을 함께 섞는다.
3. 수삼은 깨끗이 씻어 얇게 편으로 썰고, 밑술과 고두밥을 고루 버무린 뒤 인삼을 넣어 고루 섞어 항아리에 담는다.
4. 22~25℃ 정도에서 7일간 발효시켜 술이 익어 밥알이 동동 떠오르면 채주한다.

3-1) 범벅으로 빚는 술: 백로주[百酒露, 조선무쌍신식요리제법]

일명 '방문주'라고도 하고 날이 더우면 시어지므로 서리 온 후에 담는 것이 좋다.

재료 및 분량

밑술_ 멥쌀 2kg, 누룩 400g, 밀가루 200g, 물 3L

덧술_ 멥쌀 4kg, 누룩 400g, 물 4L

술 빚는 법

<밑술>

1. 멥쌀을 깨끗이 씻어 3~4시간 불렸다가 건져 곱게 가루로 빻는다.
2. 넓은 그릇에 쌀가루를 넣고 끓는 물을 부어 범벅을 만든다.
3. 범벅을 차갑게 식힌 후 밀가루와 누룩을 넣고 골고루 버무려 항아리에 담아 안치고, 20~25℃에서 7~10일간 발효시킨다.

<덧술>

1. 멥쌀을 깨끗하게 씻어 4~8시간정도 불렸다가 건져서 물기를 뺀다.
2. 김이 오른 찜통에서 1시간동안 고두밥을 찐 후 고두밥에 끓는 물을 부어 고루 저은 후 차갑게 식힌다.
3. 차게 식힌 고두밥에 밑술과 누룩을 넣고 고루 버무린 뒤, 항아리에 담아 안쳐서 20~25℃에서 7~10일간 발효시킨다.

3-2) 범벅으로 빚는 술: 백하주[白霞酒]

백하주(白霞酒)는 맑은 술이 마치 흰 노을 같다하여 붙여진 이름이다.

재료 및 분량

밑술_ 멥쌀 2kg, 누룩가루 500g, 밀가루 200g, 끓는 물 3L

덧술_ 멥쌀 4kg, 누룩가루 200g, 끓여 식힌 물 4L

술 빚는 법

<밑술>

1. 멥쌀을 깨끗이 씻어 불린 후 건져 가루로 빻는다.
2. 쌀가루에 끓는 물을 부어 범벅을 한 후 차게 식혀 누룩가루, 밀가루를 넣고 고루 버무려 항아리에 담는다.
3. 23~25℃에서 5~7일간 발효시킨다.

<덧술>

1. 멥쌀을 깨끗이 씻어 불린 후 건져서 고두밥을 짓는다.
2. 고두밥은 고루 펼쳐서 차게 식혀 누룩가루와 밑술을 합하고, 고루 버무려 항아리에 담는다.
3. 23~25℃에서 20일간 발효시켜 술이 익으면 용수를 박아 채주한다.

3-3) 범벅으로 빚는 술: 두견주[杜鵑酒]

진달래꽃을 두견화라고도 하므로 두견주라고 하는 것이다. 두견주는 충청남도 당진시 면천면의 것이 특히 유명하다.

『운양집(雲養集)』에 의하면 1000년 전 고려의 개국공신 복지겸(卜智謙)이 원인모를 병에 걸려 면천에 와서 휴양 할 때 17세 된 딸이 꿈속에서 신선의 가르침을 받고 처음으로 만든 술이라고 한다.

재료 및 분량

밑술_ 멥쌀 1.6kg, 누룩 1kg, 밀가루 200g, 끓는 물 2.5L

덧술_ 찹쌀 3kg, 진달래꽃 적당량, 끓여 식힌물 3.5L

술 빚는 법

<밑술>

1. 멥쌀을 깨끗이 씻어 물에 담갔다가 건져서 가루로 빻아 끓는 물로 익반죽 한다.
2. 반죽이 차게 식은 후 누룩가루와 밀가루를 섞어 항아리에 담는다.

<덧술>

1. 찹쌀을 깨끗이 씻어 물에 담갔다가 건져 고두밥을 잘 익게 찐다.
2. 끓여 식힌 물과 밑술을 섞고 차게 식힌 후 고두밥을 버무려 켜켜로
3. 진달래꽃을 얹어 항아리에 담는다.
4. 20여일이 지나면 맑은 술이 솟아나와 밥알과 꽃이 잔뜩 떠오르고 술내가 향기롭다.

4-1) 구멍떡으로 빚는 술: 하향주[荷香酒, 양주방]

쌀로만 빚은 술에서 '연꽃향기(荷香)가 난다' 하여 붙여진 이름이며, 과일향이나 꽃향기가 나서 방향주류에 속한다.

재료 및 분량

밑술_ 멥쌀 2kg, 누룩 800g, 물 3L

덧술_ 찹쌀 4kg , 물 4L

술 빚는 법

<밑술>

1. 멥쌀을 깨끗이 씻어 불렸다가 건져 곱게 가루로 빻는다.
2. 쌀가루에 끓는 물을 넣고 익반죽을 하여 구멍떡을 만든다.
3. 끓는 물에 구멍떡을 넣고 삶아 건져 떡 삶은 물을 넣고 죽처럼 만들어 차게 식힌다.
4. 식은 죽에 누룩과 떡 삶은 물을 넣고 고루 버무려 항아리에 담아 안치고, 20~25℃에서 7~10일간 발효시킨다.

<덧술>

1. 찹쌀을 깨끗하게 씻어 불렸다가 건져서 물기를 뺀다.
2. 김이 오른 찜통에서 고두밥을 지어 식혀 밑술과 물을 넣고 버무려 항아리에 담아 20여일 발효시킨다.

4-2) 구멍떡으로 빚는 술: 팔진주[八珍酒]

팔진주의 원방(原方)은 팔진탕(八珍湯)이다. 기력을 보충하는 사군자탕(四君子湯)과 피를 보충하는 사물탕(四物湯)을 합친 것이 팔진탕으로 여기에 알코올의 효능이 더해진 것이다.

참고문헌

만병회춘(萬病回春)_ 중국 명나라 의학자 공정현(龔廷賢)이 쓴 의학서로서, 조선시대에 새로이 증보해 총 10권으로 구성한 것이 증보만병회춘(增補萬病回春)이다.

재료 및 분량

밑술_ 멥쌀 2kg, 누룩 1kg, 물 2L

덧술_ 찹쌀 4kg, 팔진탕 6L

팔진탕_ 인삼, 백출, 백봉령, 감초, 숙지황, 백작약, 천궁, 당귀 각 5g, 물 8L를 붓고 은근히 끓여 6L를 준비한다.

술 빚는 법

<밑술>

1. 멥쌀을 깨끗이 씻어 불린 후 건져 가루로 빻는다.
2. 쌀가루에 끓는 물을 부어 익반죽을 하고 구멍떡을 빚는다.
3. 구멍떡을 차게 식히고, 구멍떡 삶은 물도 차게 식혀 누룩과 함께 섞어 고루 버무린 후 항아리에 담는다.
4. 23~25℃에서 3~5일간 발효시킨다.

<덧술>

1. 찹쌀을 깨끗이 씻어 불린 후 건져서 고두밥을 짓는다.
2. 고두밥은 고루 펼쳐서 차게 식힌다.
3. 고두밥에 팔진탕과 밑술을 합하고, 고루 버무려 항아리에 담는다.
4. 23~25℃에서 7~10일간 발효시킨다.

5) 물송편으로 빚는 술: 감주 [甘酒, 조선무쌍신식요리제법]

알코올 도수가 낮고 단맛이 강한 특징이 있고 높은 온도에서 단시간에 발효시키는 것이 감주를 맛있게 빚는 비결이다

재료 및 분량

밑술_ 멥쌀 1.6kg, 누룩 800g, 물송편 삶은 물 2L

덧술_ 찹쌀 1.6kg , 물 2L

술 빚는 법

<밑술>

1. 멥쌀을 깨끗이 씻어 3~4시간 불렸다가 건져 곱게 가루로 빻는다.
2. 쌀가루에 끓는 물을 넣고 익반죽을 하여 물송편을 만든다.
3. 끓는 물에 물송편을 넣고 삶아 건져 물송편 삶은 물을 넣고 죽처럼 만들어 차게 식힌다.
4. 식은 물송편 죽에 누룩을 넣고 고루 버무려 항아리에 담아 안치고, 20~25℃에서 7~10일간 발효시킨다.

<덧술>

1. 찹쌀을 깨끗하게 씻어 2~4시간정도 불렸다가 건져서 물기를 뺀다.
2. 김이 오른 찜통에서 고두밥을 찌다가 찬물을 부어 무른 고두밥을 짓는다.
3. 고두밥이 한 김 나가게 식은 후 더울 때 밑술과 물을 넣고 버무려 항아리에 담는다.
4. 맑은 술이 치솟고 맛이 매우 달면 항아리를 찬 곳으로 옮기고 쓴다.

6-1) 고두밥으로 빚는 술: 감향주[甘香酒, 이씨음식법]

고두밥을 지어 빚는 술로 달고 향기가 강하다.

술맛에 매운맛이 있게 하려면 멥쌀을 반 섞으라 하였다.

재료 및 분량

 밑술_ 찹쌀 1.6kg, 누룩 500g, 물 2L

 덧술_ 찹쌀 4kg , 누룩 200g, 물 2L

술 빚는 법

 <밑술>

 1. 멥쌀을 깨끗이 씻어 4~8시간 불렸다가 건져 고두밥을 지어 한 김 나가게 식힌다.

 2. 덜 식은 고두밥에 누룩과 물을 넣고 고루 버무려 항아리에 담는다.

 3. 28℃에서 2~3일간 발효시키며 하루에 2~3회 저어준다.

 <덧술>

 1. 찹쌀을 깨끗하게 씻어 2~4시간정도 불렸다가 건져서 물기를 뺀다.

 2. 김이 오른 찜통에서 고두밥을 찌다가 찬물을 부어 무른 고두밥을 짓는다.

 3. 고두밥을 차게 식힌 후 밑술과 물을 넣고 버무려 항아리에 담는다.

 4. 28℃에서 단맛이 들면 서늘한데 두어 7일정도 발효한다.

6-2) 고두밥으로 빚는 술: 향온주[香醞酒, 규곤시의방]

향온곡으로 빚는 술로 증류한 소주이다. 향온주가 서울시 무형문화재로 지정되었다.

재료 및 분량

밑술_ 석임 3L (멥쌀 1kg, 누룩 400g, 물 3L)

덧술_ 멥쌀 8kg, 찹쌀 800g, 향온곡 2kg, 물 10L

술 빚는 법

<밑술> 석임

1. 멥쌀을 깨끗이 씻어 3~4시간 불렸다가 건져 곱게 가루로 빻는다.
2. 쌀가루에 끓는 물을 넣고 범벅을 한다.
3. 범벅이 차게 식으면 누룩을 넣고 고루 버무려 항아리에 담아 안치고, 20~25℃에서 5~7일간 발효시킨다.

<덧술>

1. 멥쌀과 찹쌀을 깨끗하게 씻어 불렸다가 건져서 물기를 뺀다.
2. 김이 오른 찜통에서 고두밥을 짓고 물을 끓여 고두밥에 뿌려 섞는다.
3. 고두밥에 물이 다 스며들면 펼쳐서 차게 식힌 후 누룩가루, 석임을 넣고 버무려 항아리에 넣고 발효한다.

4. 청주: 삼양주

1) 삼해주[三亥酒]: 범벅·물송편·고두밥

삼해주는 흔히 정월에 빚기 시작하여 저온에서 장시간 발효과정을 거치는 것이 특징이다. 저온에서 장시간 발효과정을 거치는 것은 미생물의 생육이 느린 반면 숙성과정에서 향미의 형성이 충분히 이루어질 수 있다. 조선 말기에 크게 번성하여 마포에 삼해주 제조장에는 수백동이의 술항아리를 묻고 삼해주를 묵혔다는 기록이 있다.

'삼해주', '삼해주법', '삼해주방' 등으로 『주방문』, 『음식디미방』, 『시의전서』, 『산림경제』, 『증보산림경제』, 『고사십이집』, 『양주방』, 『요록』, 『역주방문』, 『조선무쌍신식요리제법』, 『임원십육지』, 『지봉유설』, 『수운잡방』 등에 수록되어있다.

재료 및 분량

밑술_ 멥쌀 1.6kg, 누룩 1~1.6kg, 끓는 물 3L
중밑술_ 멥쌀 3kg, 밀가루 600g
덧술_ 멥쌀 6kg, 끓여 식힌 물 6l

술 빚는 법

<밑술>

1. 멥쌀을 깨끗이 씻어 물에 담갔다 건져 곱게 가루로 빻는다.
2. 끓은 물을 준비하여 곱게 빻은 쌀가루에 부어 범벅을 한다.
3. 범벅을 차게 식힌 후 고운 누룩가루를 고루 섞어 항아리에 담는다.

<중밑술>

1. 멥쌀가루와 밀가루를 고루 섞어 끓는 물로 익반죽하여 물송편을 만들어 끓는 물에 넣고 삶아 떠오르면 건져 치대서 죽 상태의 반죽을 만든다.
2. 반죽이 차게 식은 후 밑술을 부어 고루 버무려 항아리에 담는다.

<덧술>

1. 하루 전날 물을 끓여 식힌다.
2. 멥쌀을 깨끗이 씻어 물에 충분히 불려 고두밥을 찐다.
3. 중밑술에 차게 식힌 후 고두밥과 끓여 식힌 물을 넣고 골고루 섞어 항아리에 담는다.
4. 맑은 술이 고이면 채주한다.

2) 호산춘[壺山春, 임원십육지]: 범벅·범벅·고두밥

전라북도 익산시 여산(礪山)에서 전래된 것으로 여산 땅의 별명이 호산(壺山)이라고 한다. 이 지방에서 빚은 춘주류로 '호산춘'이라 불린다.

『산림경제』, 『고사십이집』, 『고려대규곤요람』, 『조선무쌍신식요리제법』에는 '호산춘'으로 『임원십육지』에는 '호산춘방'으로 수록되어있다.

재료 및 분량

밑술_ 멥쌀 2kg, 누룩 1kg, 밀가루 500g, 끓는 물 3L
중밑술_ 멥쌀 4kg, 누룩 500g, 끓는 물 4L
덧술_ 멥쌀 6kg, 누룩 500g, 밀가루 500g, 끓는 물 6L

술 빚는 법

<밑술>

1. 멥쌀을 깨끗이 씻어 물에 담갔다 건져 곱게 가루로 빻는다.
2. 냉수 1.5L를 가루에 붓고 섞은 후 끓은 물 1.5L를 더 붓고 잘 반죽한다.
3. 쌀 반죽을 차게 식힌 후 고운 누룩가루, 밀가루를 고루 섞어 항아리에 담아 13일간 발효한다.

<중밑술>

1. 멥쌀가루에 끓는 물을 부어 범벅을 한다.
2. 범벅이 차게 식은 후 밑술을 부어 고루 버무려 항아리에 담아 13일간 발효한다.

<덧술>

1. 하루 전날 물을 끓여 식힌다.
2. 멥쌀을 깨끗이 씻어 물에 충분히 불려 고두밥을 찐다.
3. 고두밥에 끓는 물을 넣고 저어서 식힌 다음 누룩가루, 밀가루, 중밑술을 넣어 골고루 섞은 후 항아리에 담는다.
4. 항아리를 덥지도 춥지도 않은 곳에 두고 뚜껑을 덮지 않아도 맛이 변하지 않고, 2~3개월이 지나면 술이 익는다.

5. 증류주: 소주

1) 향온주[香醞酒] 증류

향온주는 멥쌀과 찹쌀로 빚은 맑은 술로, 조선시대 양온서라는 관청에서 빚어 대궐안으로 들여보내던 전통 궁중주이다. 향온주를 빚을 때는 궁중어의들의 관리 아래 항상 어의들이 처방을 내려 빚었고, 임금이 신하에게 하사하였다고 한다.

향온주는 향온국이라는 독특한 누룩을 가지고 있다. 누룩은 통밀 1말과 통보리 1되와 녹두 1되5홉을 각각 가루내서 딛는다. 누룩에 통보리와 녹두가 들어간 게 다른 누룩에서 보기 어려운 특징이다. 여기서 녹두는 술의 해독성을 줄이기 위해서, 궁궐에서 흔히 썼던 재료다.

향온주는 덧술을 12번까지도 한다는데, 첫 번째 덧술 지나 두 번째 덧술 부터는 3온, 4온, 5온 하는 방식으로 덧술 횟수를 헤아린다고 한다. 마지막 덧술을 하고 보름쯤 지나면 술은 모두 완성된다. 그러면 맑은 술을 떠내서 가마솥에 붓고, 소줏고리를 얹어서 증류하면 소주 향온주가 나온다.

재료 및 기구

향온주, 냉각수, 얼음

증류기(소주고리)

증류하는 법

1. 향온주를 채주하여 저온에서 침전한 후에 청주를 뜬다.
2. 증류기(솥)에 술을 붓고 가열한다.
3. 처음 나오는 술(초류)은 30mL 정도 받아 버린다.
4. (본류) 기화열로 날아가지 않도록 불 조절을 잘 한다.
5. 백탁이 일어나면 증류를 중지한다.
6. 후류는 받아두었다가 여러모로 사용한다.(소독용, 다음 증류 시 사용 등)

2) 이강주[梨薑酒] 빚기와 증류

조선조 중엽 전라도와 황해도에서 제조된 우리나라 5대 명주(名酒)중 하나로 상류사회에서 마시던 고급소주로 약간 노란 색을 띠며, 향이 좋고 알코올 도수 35%정도이다. 현재 이강고(梨薑膏)라 하여 전라도 지방의 향토특산주로도 유명하다.

증류를 하는 술은 누룩의 양이 원재료의 50%가 일반적이며 발효온도도 높은 편인데, 완성주의 알콜 도수가 높은 것이 중요하기 때문이다.

덧술은 밑술양의 2배로 멥쌀과 보리쌀을 섞어서 사용한다. 보리에는 철분이 많이 함유되어 있는데 이는 술의 색을 진하게 하고 향을 좋게 하며 덧술의 진행도 빨라진다.

재료, 분량 및 기구

밑술_ 멥쌀 2kg, 누룩 1kg, 물 3L

덧술_ 멥쌀 3kg, 보리쌀 1kg, 누룩 2kg, 물 6L

증류하기_ 냉각수, 얼음, 증류기(소주고리)

술 빚는 법

<밑술>

1. 멥쌀을 깨끗이 씻어 4~8시간동안 물에 담갔다가 고두밥을 찌고 식혀 놓는다.
2. 식힌 고두밥에 누룩, 물을 넣어 고루 버무려서 항아리에 담아 25~28℃ 정도에서 4~5일 발효시킨다.

<덧술>

1. 멥쌀과 보리쌀은 깨끗이 씻어 4~8시간동안 물에 담갔다가 따로따로 고두밥을 찐다.
2. 각각의 고두밥과 누룩,물, 밑술을 잘 버무려 항아리에 담아 25~28℃에서 7일정도 발효시킨다.

증류하는 법

1. 덧술을 한 다음 발효시킨 후 완성된 이강주를 채주한다.
2. 술을 증류기(소주고리)에 증류한다.

침출하는 법

증류한 술에 다른 재료를 넣어 향, 맛, 색을 우려내는 술로 『임원십육지』에서는 '증류 할 때 배를 기왓장에 갈아 비단주머니에 담아 즙을 짰다'라는 기록이 있으며, 증류한 후 이강주에 배즙, 생강즙, 울금, 계피, 꿀을 넣어 침출하는 방법이다.

3) 감홍로주(甘紅露酒) 빚기와 증류

쌀, 누룩, 물로 발효하여 소주고리에 증류한 알콜도수 45%의 증류주이다.

증류할 때 항아리에 꿀을 바르고 지초(芝草)를 통과시켜 붉고 달콤하고 매혹적인 술을 얻을 수 있다.

재료, 분량 및 기구

술 빚기_ 멥쌀 4kg, 누룩 2kg, 물 6L

증류하기_ 지초 30g, 꿀 100g

냉각수, 얼음, 증류기(소주고리)

술 빚는 법

1. 멥쌀을 깨끗이 씻어 불렸다가 건져 고두밥을 찐 후 차게 식힌다.
2. 누룩은 미리 물에 섞어 놓는다.
3. 식힌 고두밥에 누룩 물을 고루 섞은 후 항아리에 담아
4. 22~25℃에서 10~15일 정도 발효시킨다.

증류하는 법

1. 발효시켜 술이 완성되면 채주하여 소주고리에 넣고 증류한다.
2. 소주고리에서 증류된 술이 떨어질 때 항아리에 꿀을 바르고 지초를 놓고 받친다.

6. 혼양주

1) 과하주(過夏酒)

여름을 지나도 괜찮은 술로 발효 중인 술에 증류주를 부어 발효를 멈추게 하는 기법으로 혼양주법에 속한다.

재료 및 분량

주재료_ 찹쌀 4kg, 누룩 500g, 물 4L

부재료_ 소주 4L

술 빚는 법

1. 전 날 물에 누룩을 담가 누룩 물을 준비한다.
2. 찹쌀을 깨끗이 씻어 물에 담갔다가 건져 고두밥을 찌고 차게 식힌다.
3. 누룩을 체에 거른 물을 고두밥에 버무려 항아리에 넣는다.
4. 3~4일후 단맛이 들면 소주를 부어 따뜻한 곳(25℃정도)놓았다가 밥알이 뜨면 찬 곳으로 옮긴다.

2) 오종주방문(五種酒方文)

다섯 가지(대추, 후추, 계피, 잣, 생강) 재료를 넣었다 해서 오종주라고도 한다.

재료 및 분량

주재료_ 찹쌀 4kg, 누룩 300g, 물 4L

부재료_ 대추 5개, 후추 1 작은술, 통계피 50g, 생강 100g, 잣 1작은 술, 소주 4L

술 빚는 법

1. 전 날 물에 누룩을 담가 누룩 물을 준비한다.
2. 찹쌀을 깨끗이 씻어 물에 담갔다가 건져 고두밥을 찌고 차게 식힌다.
3. 누룩을 체에 거른 물을 고두밥에 버무려 항아리에 넣는다.
4. 후추, 계피는 빻아서 주머니에 담고 생강, 대추, 잣은 그대로 같이 버무려 넣는다.
5. 3~4일후 단맛이 들면 소주를 부어 따뜻한 곳(25℃정도)놓았다가 밥알이 뜨면 찬 곳으로 옮긴다.

3) 송순주(松荀酒)

소나무의 새순을 넣고 빚은 술. 대체로 혼양주법으로 빚으며 은은한 솔향을 자랑한다. 송순을 채취한 후 깨끗하게 씻어 찜통에 살짝 쪄서 그늘지고 바람이 잘 통하는 곳에서 말려 냉동보관 하여 사용한다.

재료 및 분량

밑술_ 멥쌀 2kg, 누룩 800g, 물 3L
덧술_ 찹쌀 4kg, 송순 2kg, 소주 6L

술 빚는 법

<밑술>
1. 멥쌀을 깨끗이 씻어 4~8시간 불렸다가 건져 곱게 가루로 빻는다.
2. 멥쌀가루를 김 오른 찜통에 20분간 백설기로 찐다.
3. 차갑게 식은 백설기에 누룩과 물을 넣고 고루 버무려 항아리에 담는다.
4. 25~28℃에서 2~3일간 발효시키며 하루에 2~3회 저어준다.

<덧술>
1. 찹쌀을 깨끗하게 씻어 2~4시간정도 불렸다가 건져서 물기를 뺀다.
2. 김이 오른 찜통에서 고두밥을 찌고 차갑게 식힌다.
3. 밑술을 체에 거른 후 고두밥과 송순을 넣고 고루 버무려 항아리에 담는다.
4. 23~25℃에서 5~6일을 발효하고 단맛이 들면 소주를 부어 2주정도 후 발효 한다.

7. 칵테일

1) 아지랑이

키위의 상큼함이 막걸리와 잘 어우러져 아지랑이 피어오르는 봄날이 연상된다.

레시피 및 기구

생 막걸리 120mL, 키위 ½개, 시럽 15mL, 사이다 90mL, 얼음 4개

글라스_ High Ball Glass

칵테일 법

1. 키위와 시럽, 사이다, 얼음을 믹서에 넣고 갈아 준다.
2. 막걸리와 혼합하여 글라스에 담고 장식한다.

2) 열정

유기산과 미네랄이 풍부한 매실액에 달고 성질이 따뜻한 복분자 원액이 잘 조화되어 와인 같으며 열정과 패기를 생각하게 한다.

레시피 및 분량

생 막걸리 120mL, 매실청 15mL, 복분자 원액 30mL, 얼음 2~3개

글라스_ High Ball Glass 또는 Red Wine Glass

칵테일 법

1. 매실청과 복분자 원액을 먼저 혼합한다.
2. 막걸리를 넣어 잘 저어 글라스에 따른다.

3) 한국인의 힘

인삼 특유의 향이 강하여 냄새만으로도 건강해 질 것 같은 세계화 될 수 있는 칵테일이다.

레시피 및 분량

생 막걸리 90mL, 인삼즙 60mL, 사이다 60mL, 얼음 2~3개

글라스_ Red Wine Glass

칵테일 법

1. 인삼을 깨끗이 손질하여 잘라 사이다와 같이 믹서에 넣고 간다.
2. 거름망에 걸러 막걸리와 얼음을 넣고 잘 혼합하여 글라스에 담는다.

4) 첫사랑(청주 칵테일)

첫사랑의 은은하고 아련한 추억을 그리며 미소 짓게 하는 칵테일이다.

레시피 및 분량

청주 2oz, 오미자청 1oz, 석류청(그라나다 시럽) 1oz, 얼음 2개

글라스_ Red Wine Glass

칵테일 법

1. 청주에 오미자청과 석류청을 넣어 잘 혼합 한다.
2. 글라스에 담고 얼음을 띄운다.

5) 솔바람(청주 칵테일)

솔의 향기가 머리를 맑게 하고 삼림욕장에서의 행복한 시간을 느끼게 한다.

레시피 및 분량

청주(송절주) 1oz, 솔의눈 2oz, 시럽 1/3 oz, 블루 큐라소(Blue Curaso, 리큐르) 1/3 oz, 얼음2개

글라스_ High Ball Glass

칵테일 법

1. 재료 모두를 믹서기에 넣고 갈아 준다.
2. 글라스에 담고 장식한다.

6) 저녁노을(증류주 칵테일)

감압증류방식으로 증류한 화요는 높은 도수의 술이나 향이 부드럽고 유자와 오미자의 상큼함이 여성스러움을 나타내 주는 술이다.

레시피 및 분량

증류주(화요 41도) 1½oz, 유자차 ¾oz, 오미자진액 1oz, 오렌지주스

글라스_ High Ball Glass또는Red Wine Glass

칵테일 법

1. 셰이커에 얼음과 재료(토닉워터를 제외한 나머지)를 넣고 흔든다.
2. 얼음이 담긴 하이볼 글라스에 얼음을 걸러 내용물만 따른다.
3. 토닉워터로 글라스의 80%를 채우고 가볍게 저어준다.

7) 물안개(증류주 칵테일)

달콤하고 맛있기도 하지만 유자에 들어있는 비타민C는 체내 알코올을 빨리 분해시키기 때문에 숙취가 적다.

레시피 및 분량

증류주(안동소주 40도)2oz, 유자청 1t, 시럽, 레몬즙 1/4t, 토닉워터 ½oz, 얼음 2개

글라스_ Red Wine Glass 또는 언더락 잔

칵테일 법

1. 쉐이커에 소주와 유자청을 넣고 흔들어 준다
2. 얼음이 담긴 글라스에 따르고 레몬즙, 토니워터를 넣고 저어준다
3. 붉은색으로 장식한다.

8) 그린애플(증류주 칵테일)

향긋하고 깔끔한 맛이 환상적이다. 마실 때의 느낌은 저알코올 인듯 하나 꽤나 도수가 높다.

레시피 및 분량

증류주(문배주40도) 1oz, 애플퍼커 1oz, 라임주스 ½oz

※ 애플퍼커-리큐르(25%): (천연사과향 1.3%, 사과추출물 0.5%, 사과산 0.5%)

글라스_ Martini Glass

칵테일 법

1. 쉐이커에 얼음을 넣고 증류주, 애플퍼커, 라임주스를 넣고 쉐이킹 한다.
2. 얼음이 걸러 칵테일글라스에 따라준다.
3. 사과조각으로 장식한다.

II. 명주와 주안상

名酒 酒案床

우리나라의 명주

명주와 어울리는 주안상

우리나라의 名酒 1 서울

삼해주(三亥酒: 소주)

서울을 대표하는 술 삼해주(三亥酒)는 가양주(家釀酒·집에서 담근 술)다. 세 번에 걸쳐, 최단 36일 최장 100일에 걸쳐 담그는 소주, 즉 증류주이며, 12지신 중에서 피가 가장 붉고 맑다는 돼지가 들어간 새해 첫 돼지(亥)날 밑술을 담그기 시작해 다음 해일 또는 다음 달 첫 해일에 덧술을 담가 합치고, 또 그다음 달 해일에 2차 덧술을 담가 합친 후 숙성시켜 증류하여 만든다.

『조선왕조실록』 중종 36년(1546년)에는 아래와 같은 기록이 남아 있다. "도성의 각 시장에는 누룩을 파는 데가 7~8곳 있는데, 그 곳에서 하루에 거래되는 양이 7~8백 문(門)이며, 그것으로 술을 빚는 쌀은 천여 석에 이를 것이다."

이렇게 도성을 중심으로 하는 지금의 서울과 경기도에서는 쌀과 누룩을 이용하여 장기간 발효와 숙성을 거친 고급 청주류와 함께 증류 기술이 발달하였다. 고급 청주류인 삼해주와 이와 같은 발효주를 증류한 소주(문배술, 남한산성 소주 등)는 각 지역의 무형 문화재로 지정되어 지금까지도 그 흔적을 찾아볼 수 있다.

안동김씨 가문의 삼해주(약주)

삼해주는 멥쌀과 흰 누룩(백곡)을 원료로 써서 빚는다. 음력 정월 첫 돼지날에 빚기 시작하여 저온에서 석 달 걸려 세 번을 거듭 발효시켜 얻는 맑은 술로, 그 맛과 향이 뛰어나다. 조선조 23대 임금 순조의 둘째 딸인 복온 공주가 안동 김씨 집안으로 시집오면서 궁중 음식과 함께 이 삼해주의 제조법이 사대부가로 전해지게 되었다. 삼해주는 12간지 중 돼지날을 정해 술을 빚는데, 이는 돼지가 의미하는 '복(福)'을 기원하기 위함이다.

삼해주는 고려 때부터 제조한 술로서 『동국이상국집』, 『산림경제』 등의 문헌에 그 제조방법이 기록되어 있는데, 서울로 들어오는 쌀이 삼해주를 담그는데 쏠리지 않도록 막아달라는 상소의 기록이 보일 정도로 조선시대에 널리 제조되었으며, 그 방법도 매우 다양하다.

삼해주는 쌀과 누룩을 원료로 하여 만드는데, 먼저 정월 첫 돼지날에 백미 두말을 가루 내어 끓는 물을 넣고 누룩가루와 밀가루를 섞어 독에 넣는다. 둘째 돼지날에는 쌀을 익혀서 끓는 물과 섞고 난 후 전에 넣었던 독에 다시 넣고, 셋째 돼지날에는 찹쌀을 쪄서 끓는 물을 식혀 넣었다가 버들가지가 나올 때

비로소 쓰게 된다. 쌀과 누룩을 원료로 하여 만든 삼해주는 은은한 맛을 비교적 오래 보관할 수 있는 특징을 가지고 있으며, 현재 기능보유자 권희자, 이동복씨에 의해 전승되고 있다.

이화주(梨花酒)

　전통주에 조금이라도 관심이 있는 사람이라면 이화주를 모르지 않을 것이다. 우리나라 전통 술 가운데 이화주(梨花酒)라는 아주 독특한 술이 있다. 여느 술과 달리 술 빛깔이 희고 죽과 같이 점성이 높아 그냥 떠먹기도 하고, 물에 타서 마시기도 하는 술이다.

　이화는 배꽃을 의미하는데, 매화주나 진달래꽃으로 빚는 술처럼 배꽃을 술에 넣어 빚는 술이 아니라 배꽃이 필 때 누룩을 만들어 여름에 빚는 술이라 하여 이화주라는 이름을 갖게 되었다. 이화주를 빚기 위해서는 반드시 '이화곡'이라는 누룩을 만들어 사용해야 하는데, 다른 누룩과 달리 쌀을 이용해 오리 알 크기로 만든 누룩을 사용한다. 이렇게 만들어진 누룩과 쌀을 익반죽하여 구멍떡을 만들어 빚은 술이 명주 이화주다. 맛은 달고 걸쭉한 것이 특징이며, 이화주는 쌀로만 빚기 때문에 서민층에서는 쉽게 빚어 먹기가 어려웠다. 사대부가에서 노인과 어린이의 간식으로 곧잘 이용되기도 했던 사실이 이를 말해준다. 알코올 도수가 낮아 여성이 마시기에도 좋은 술이었다. 이화주에 물을 혼합하면 더욱 맛좋은 이화 막걸리를 얻을 수 있다. 채소샐러드와 잘 어울리며 한 번 먹으면 깊은 여운이 남는 술이다.

三亥酒 삼해주(소주)
신선로, 육포

신선로

재료 및 분량

양 150g, 무 200g(1/4개), 당근 100g(2/3개), 두부 50g, 흰살 생선(전 감) 50g, 천엽 50g, 간 100g, 미나리 50g, 석이버섯 5g(5개), 호도 30g(3알), 잣 1작은술, 메밀가루 2큰술, 깨소금 1작은술, 소금 적량, 식용유 적량, 밀가루 적량, 쇠고기(양지머리) 150g, 쇠고기(우둔) 150g, 달걀 200g(4개), 건표고버섯 10g(3개), 홍고추 10g(1개), 은행 25g(12알), 물 2L(10컵), 청장(淸醬) 적량, 후춧가루 약간

완자양념_ 소금 1작은술, 다진 파 2작은술, 다진 마늘 1작은술, 참기름 1작은술, 후춧가루 약간

쇠고기 양념_ 국간장 1큰술, 다진 파 2작은술, 다진 마늘 1작은술, 참기름 1작은술, 후춧가루 약간

탕거리 양념_ 국간장 2작은술, 다진 파 4작은술, 참기름 2작은술, 후춧가루 적량

만드는 법

1. 쇠고기(양지머리)는 덩어리째 찬물에 담가 핏물을 빼고 끓는 물에 푹 삶아 건져 0.2cm 로 얄팍하게 저며 양념한다.
2. 양은 두꺼운 부위로 골라서 끓는 물에 잠깐 넣었다가 건져 내어 검은 막을 칼등으로 긁어 깨끗이 손질하여 위의 양지머리육수에 같이 넣어 끓인다.
3. 육수를 끓이는 중간에 무와 당근을 통째로 넣어 삶아 건지고 국물은 식혀서 기름을 걷어내고 국간장과 소금으로 간하여 육수를 만든다.
4. 쇠고기(우둔) 100g은 다져서 고기 양념장으로 양념하고 두부는 으깨어 고기와 고루 주물러 지름 1.2cm 의 완자로 빚어 밀가루와 달걀을 입혀 지져 낸다.
5. 흰살 생선은 0.3cm 두께의 전 감으로 얇게 포를 떠서 소금과 후춧가루를 뿌린다. 천엽은 한 장씩 떼어서 소금을 뿌려 주물러 씻어 잔 칼집을 고루 넣고 소금, 후춧가루를 뿌린다. 흰살 생선과 천엽에 밀가루, 달걀 물을 입혀 각각 전을 지진다.
6. 간은 0.3cm로 얇게 포를 떠서 소금과 밀가루로 주물러서 씻어 건져 마른 면보로 물기를 거두어 메밀가루에 깻가루를 섞은 것을 묻혀서 지진다.
7. 미나리는 잎을 떼고 줄기만 다듬어 꼬치에 꿰어 밀가루와 달걀물을 묻혀 팬에 지져 미나리 초대를 만든다.
8. 달걀 3개를 황백으로 분리하여 소금을 섞어 풀고, 노른자는 황색지단을 부치고 흰자는 둘로 나누어서 하나는 흰색 지단을 부친다. 나머지 흰자에는 석이버섯을 잘 씻어 곱게 다져 섞어 석이버섯지단을 부친다.
9. 표고버섯은 되도록 큰 것으로 물에 불리고 홍고추는 반을 갈라 씨를 뺀다.
10. 호두는 뜨거운 물에 불려 꼬치로 속껍질을 벗기고, 은행은 기름을 약간 두른 팬에 볶아 비벼 속껍질을 벗긴다. 잣은 고깔을 뗀다.
11. 준비한 지단, 미나리 초대, 전, 표고버섯, 당근, 붉은 고추를 신선로 틀의 폭을 길이로 하고 너비 1.5cm 정도로 하여 직사각형으로 썬다.
12. 양지머리, 무는 건져서 0.2cm로 납작하게 썰어 탕거리 양념으로 무쳐 신선로 바닥에 깔고 그 위에 양념한 쇠고기를 놓고 그 위층에 준비한 재료들을 색 맞추어 고르게 돌려 담는다. 제일 위에 호두와 은행, 잣, 고기완자를 고명으로 얹는다.
13. 준비해 놓은 육수를 붓고 뚜껑을 덮고 화로 속에 숯불을 넣어 상에 낸다.

육포

재료 및 분량

쇠고기 우둔살 500g

핏물빼기_ 청주 3큰술, 설탕 3큰술

양념장_ 간장 5큰술, 꿀 2큰술, 설탕 2큰술, 청주 2큰술, 배즙, 양파즙, 무즙 각 3큰술

안주내기_ 참기름 1큰술, 꿀 1큰술, 잣가루 1큰술

만드는 법

1. 쇠고기는 0.5cm 두께로 포를 떠 기름과 힘줄을 제거한 후 청주와 설탕을 넣고 주물러 면보를 펴고 고기를 올려 꾹꾹 눌러가며 핏물을 완전히 제거한다.
2. 냄비에 양념장의 재료를 넣고 중불에 올려 끓기 시작하면 약불로 줄여 5분정도 더 끓인다.
3. 양념장을 넓은 그릇에 부어 차갑게 식힌 후 핏물을 뺀 고기를 양념장에 넣고 주물러 간장이 고루 배도록 한다.
4. 채반에 고기 조각을 한 장씩 잘 펴서 바람이 잘 통하는 서늘한 곳에서 말린다.
5. 말라서 꾸덕꾸덕 해졌으면 잘 다듬어서 겹친 후 마른 면보에 싸서 무거운 것으로 눌러 납작하게 포 모양을 잡는다.
6. 공기가 들어가지 않게 랩이나 비닐로 잘 싸서 냉장고에 보관하면서 필요할 때마다 꺼내 쓴다.
7. 안주로 낼 때는 참기름을 살짝 발라 석쇠에 올려 앞뒷면을 돌려가며 살짝 굽고 먹기 좋은 크기로 썰어 한쪽 면에 꿀을 묻히고 잣가루를 뿌려낸다.

> 육포란 쇠고기를 간장으로 양념하여 말린 쇠고기포로 예전부터 혼례식 폐백상에 시어머니께 올려드리던 음식이다. 쇠고기를 간장으로 간한 것을 장포, 소금으로 간한 것을 염포, 꿀을 넣어 만든 포를 약포라고 하였다.

참고

우리 술의 전승 과정
- 1945년 광복 이후에도 주세 행정이 그대로 이어짐
- 1937년부터 주정의 원료로 곡류가 사용
- 1952년부터 당밀이 사용되기 시작
- 1965년 양곡관리법의 발효주와 증류식 소주 금지
- 1970년 밀가루막걸리 등장 (제조법 규제로 품질 저하)
- 1980년대 후반 쌀의 과잉생산과 1988년 서울올림픽 개최를 계기로 전통술의 복원
- 1995년 주세법 개정-판매를 목적으로 하지 않는 가정에서 술 빚기를 허용

전통주의 종류(법적 구분)
- **문화재주** 「문화재보호법」 제24조에 따라 지정된 주류부문의 중요무형문화재 보유자 및 같은 법 제70조에 따라 지정된 주류부문의 시·도지정문화재 보유자가 제조하는 주류
- **명인주** 「식품산업진흥법」 제14조에 따라 지정된 주류부문의 식품명인이 제조하는 주류
- **지역특산주** 「농업·농촌 및 식품산업 기본법」 제3조에 따른 농업경영체 및 생산자단체(「수산업·어촌 발전 기본법」 제3조이 어업경영체 및 생산자단체 포함)가 직접 생산하거나, 주류제조장 소재지 관할 특별자치시·특별자치도 또는 시·군·구 및 그 인접 특별자치시 또는 시·군·구에서 생산된 농산물을 주된 원료로 하여 제조하는 주류 중 농림축산식품부장관의 제조면허 추천을 받은 주류

[시·도 무형문화재]
- 서울 : 삼해주(소주), 삼해주(약주), 송절주, 향온주
- 경기 : 동동주(부의주)
- 충북 : 중원청명주
- 충남 : 한산소곡주, 하향주, 면천두견주, 벽향주, 아산연엽주
- 전북 : 김제송순주, 약산춘, 송죽오곡주, 금산인삼백주, 죽력고, 이강주,
- 전남 : 진도홍주, 계룡백일주
- 경북 : 김천과하주, (문경)호산춘, 안동소주
- 경남 : 경주교동법주, 함양국화주
- 제주 : 오메기술

三亥酒 삼해주(약주)
어채, 장산적

어채

재료 및 분량

민어 (또는 광어) 2kg(1마리), 전분 20g(3큰술), 홍고추 40g(2½개), 청색피망 50g(1개), 석이버섯 3g(3개), 달걀 100g(2개), 잣 2작은술, 초장 (또는 겨자장) 3큰술

양념장_ 초장 또는 겨자장

만드는 법

1. 민어는 내장을 제거하고 0.3cm 두께로 길쭉하게 포를 떠 소금을 뿌린다.
2. 홍고추와 청색파프리카는 길이 5cm, 폭 1cm로 썰고, 석이버섯은 뜨거운 물에 불려서 손질한 다음 손으로 알맞게 뜯어 놓는다.
3. 달걀은 소금을 조금 넣고 흰자, 노른자가 잘 섞이도록 풀어 놓는다.
4. 준비해 놓은 흰살생선에 전분을 앞뒤로 골고루 묻힌 후 끓는 물에 생선을 살짝 데친다. 생선살이 물에 둥둥 뜰 때 건져 내어 냉수에 헹군다.
5. 홍고추와 피망도 전분에 묻혀 끓는 물에 데친 다음 찬물에 넣었다 건진다.
6. 달걀은 지단을 부쳐서 길이 5cm, 폭 1cm 크기로 썬다.
7. 접시에 생선을 동그랗게 담고 그 위에 붉은 고추, 석이버섯, 청색피망, 달걀지단을 원형으로 얹은 다음 그 가운데 잣을 놓는다. 초장이나 겨자즙을 곁들인다.

장산적

재료 및 분량

쇠고기 300g, 두부 150g(약⅓모), 잣가루 2큰술

쇠고기, 두부 양념_ 소금 1작은술, 설탕 1큰술, 다진 파 2큰술, 다진 마늘 1큰술, 깨소금 1큰술, 참기름 1큰술, 후춧가루 약간

조림 양념_ 간장 3큰술, 물 4큰술, 설탕 2큰술, 후춧가루 약간

만드는 법

1. 쇠고기는 연하고 기름기가 없는 부위로 골라 곱게 다진다.
2. 두부는 면보로 싸서 꼭꼭 눌러 물기를 빼고 곱게 으깬다.
3. 쇠고기와 두부에 양념을 넣고 끈기가 날 때까지 고루 섞는다.
4. 양념한 고기를 둘로 나누어 한지에 물을 축여 깔고 1cm두께의 네모진 반대기를 만들어 칼등으로 자근자근 두들겨서 위를 편편하게 한다.
5. 석쇠에 얹어서 고기가 고루 익도록 가끔 자리를 움직이면서 굽는다. 양면을 모두 익힌 다음 한 김 식으면 가로 3cm, 세로 2cm 정도의 크기로 네모지게 썬다.
6. 냄비에 조림양념을 담아 불에 올려서 끓어오르면 5의 섭산적을 넣어서 고루 간이 들도록 가끔 간장을 위에 끼얹는다.
7. 국물이 자작할 때까지 윤이 나게 조려서 그릇에 담고 잣가루를 고루 뿌린다.

梨花酒 이화주
겨자채, 버섯전

겨자채

재료 및 분량

양배추 50g(2장), 당근 50g(1/3개), 오이 50g(1/3개), 편육(양지머리) 50g, 전복 50g(1개), 배 50g, 죽순 50g(1/4개), 달걀 50g(1개), 밤 30g(2개), 잣 5g(1큰술), 연유 50g(3큰술), 소금 약간

겨자즙_ 발효겨자 2큰술, 물 2큰술, 식초 2큰술, 설탕 4g(1작은술), 소금 4g(1작은술)

만드는 법

1. 양배추는 줄기를 자르고 연한 잎으로 골라 길이 4cm, 너비 1cm 정도의 크기로 썬다.
2. 당근도 양배추와 같은 크기로 썰어 소금물에 살짝 데친다.
3. 오이는 소금으로 문질러 씻은 다음 껍질만 도톰하게 벗겨서 같은 크기로 썬다.
4. 편육도 채소와 같은 크기로 썬다.
5. 전복은 소금으로 문질러 씻은 다음 살짝 쪄서 가장자리를 도려내고 얇게 저민다.
6. 배는 껍질을 벗겨 같은 크기로 썬다.
7. 죽순은 살짝 삶아서 헹궈 빗살 모양이 나도록 썬다.
8. 달걀은 흰자와 노른자를 나누어 지단을 부쳐 채소와 같은 크기로 썬다.
9. 밤은 껍질을 벗겨 손질한 다음 납작하게 편으로 썬다.
10. 겨자가루에 따끈한 물을 넣고 나무젓가락으로 잘 개어 따뜻한 곳에 엎어 두었다가 20~30분쯤 지나서 매운맛이 나면 식초, 설탕, 소금을 넣고 잘 저어 겨자즙을 만든다.
11. 모든 재료가 준비되었으면 양배추를 밑에 조금 깔고 나머지 재료를 색스럽게 가지런히 둥글게 담은 뒤에 잣을 뿌린다. 차게 두었다가 겨자즙과 연유를 함께 낸다.

버섯전

재료 및 분량

건표고버섯 20g(7개), 석이버섯 5g(5개), 느타리버섯 30g, 밀가루 16g(2큰술), 달걀 50g(1개), 식용유 12g(1큰술)

양념_ 간장 17g(1큰술), 다진 파 6g(2작은술), 다진 마늘 6g(1작은술), 설탕 4g(1작은술), 후춧가루 약간, 참기름 4g(1작은술), 깨소금 3g(1작은술)

초간장_ 간장 1큰술, 식초 ½큰술, 물 1큰술

만드는 법

1. 표고버섯과 석이버섯은 물에 불려 잘 다듬어 곱게 채 썰고, 느타리버섯은 끓는 물에 데쳐 곱게 찢어 양념하여 무친다.
2. 위의 양념한 버섯들을 밀가루에 버무려 달걀을 넣고 고루 섞는다.
3. 팬에 식용유를 두르고 한 숟가락씩 떠 놓아 노릇하게 뒤집어가며 부쳐낸다.
4. 초간장을 곁들여낸다.

우리나라의 名酒 ② 경기도

감홍로주(甘紅露酒)

　　예로부터 이강고, 죽력고, 감홍로를 '조선의 3대 명주'라 하였으며, 그중 감홍로주는 조선의 3대 명주 중 첫 손 꼽히는 술로, 조상님께 진상하던 가장 향기로운 소주(燒酒)이다. 우리나라의 증류주는 서양의 위스키나 브랜디와는 다르게 술에 기능성 약재 등을 넣어 '약으로 먹는 증류주'이다. 각각에 들어가는 재료로 이강고는 배와 생강을 넣어 빚었고, 죽력고는 대나무 진액을 썼으며, 감홍로는 계피, 방풍, 정향 등의 약재를 넣어 빚는다. 파주 감홍로의 단맛은 용안육에서, 향과 색은 지초나 홍국, 진피 등의 약재에서 얻어진다. 감홍로주는 약재의 성분으로 인하여 몸을 따뜻하게 하며, 예전에는 약을 대신하였던 기록이 있다. 맛은 이취가 없으며 입안에서 느끼는 향취가 매우 뛰어나다는 평가를 받고 주도가 높아 오래도록 저장, 숙성이 가능하며 오래 저장할수록 주미(酒味)와 주향(酒香)이 더욱 좋아진다는 것이 감홍로의 특징이라 할 수 있다.

옥로주(玉露酎)

　1993년에 옥로주는 경기도 무형문화재 12호로 지정되었다. 경기도 군포시 당정동에서였다. 그래서 술 이름도 당정(堂井) 옥로주(玉露酎)라 했다. 특별한 것은 술 酒(주)자가 아니라, 세 번 거듭 내린 진한 술을 뜻하는 酎(주)자다. 사전에는 소주를 燒酒라고 적었지만, 소주 회사들은 대개 燒酎라는 표현을 일반적으로 사용한다. 酎자에는 진한 술이라는 뜻과 세 번 거듭 내린 술이라는 복합적인 뜻이 담겨 있어서다.

　증류할 때 증류기를 통해 나오는 술 한 방울 한 방울이 마치 옥처럼 아름답다 하여 붙여진 이름이다. 옥로주는 쌀이 아닌 잡곡을 이용하여 빚는데, 잡곡 특유의 깊고 고소한 향이 증류주를 통해 전달된다. 쌀과는 달리 율무(薏苡仁)에서 얻어지는 색다른 맛을 느낄 수 있는 것이 매력이다.

　옥로주는 45도로 안동소주와 함께 우리 나라 최고 독주다. 술 빛은 투명한데 향이 진하고 그윽하며, 맛은 독하고 쓰면서도 고소하다. 이 술의 특징은 율무에 있다. 율무는 차로도 많이 마시지만, 한의원에서 의이인(薏苡仁)이라 하여 약으로 사용한다. 고혈압과 동맥경화증을 잘 다스리고, 이뇨제, 강장제, 건위제로 쓰이고 기침에 효험이 있다.

문배술(聞香梨酒)

　문배술은 문배를 넣어 빚은 술이 아니고 발효과정중 문배의 향이 난다하여 문배주 이다. 깨끗하고 맑은 술이다. 증류주를 만들기 위해 빚는 발효주로 조와 수수, 밀 세 가지 곡물만을 이용하여 빚고 발효시켜 이것을 다시 증류한다. 문배나무와 비슷한 향이 나는 이슬같이 맑은술로 술을 빚기 시작해 1년 이상 긴 숙성 기간을 거친 명주이다.

甘紅露酒 감홍로주
두부적, 임진강장어구이

두부적

재료 및 분량

두부 1kg(2모), 돼지고기 150g, 식용유 1큰술
두부 양념_ 소금 1작은술, 후춧가루 약간, 전분 2큰술
돼지고기 양념_ 간장 1큰술, 설탕 ½큰술, 다진 파 1큰술, 다진 마늘 ½큰술, 생강즙 1작은술, 참기름 1큰술, 후춧가루 약간
초장_ 간장 1큰술, 식초 ½큰술, 물 1큰술

만드는 법

1. 두부는 은근히 눌러 물기를 빼고 0.7cm 두께로 썰어 소금, 후추로 간을 한 후 전분을 고루 묻힌다.
2. 돼지고기는 곱게 다져 분량의 재료로 양념을 한다.
3. 두부 조각의 한쪽에 전분을 바르고 양념한 돼지고기를 0.5cm 두께로 고르게 펴 바른다.
4. 팬에 식용유를 두르고 중불에 올려 고기 쪽부터 먼저 노릇하게 지지고 뒤집어 두부 쪽을 노릇하게 지진다.
5. 초장을 곁들여 낸다.

> 우리나라에 두부가 전래된 정확한 시기는 알 수 없지만 『목은집』의 「대사구두부래향(大舍求豆腐來餉)」이라는 시에 '두부'라는 이름이 처음 나온 것으로 미루어 고려 말 교류가 빈번하였던 원나라로부터 전래되었을 것으로 추측된다. 우리나라에서는 예로부터 두부를 자주 만들어 먹었고 관혼상제(冠婚喪祭) 때에도 빠짐없이 상에 올렸다. 아낙네들이 순두부와 두부를 사랑방으로 보내면 남자들은 두부와 함께 술도 한잔 하면서 자그마한 잔치를 벌이게 마련이었다.

임진강장어구이

재료 및 분량

장어 1kg
육수_ 생강 10g, 무 50g, 통후추 1g, 다시마 5g, 물 3컵
양념장_ 생강 20g(5쪽), 다진 파 2큰술, 다진 마늘 1큰술, 간장 1컵, 설탕 ½컵, 육수 1컵

만드는 법

1. 장어를 깨끗이 씻어 배를 갈라 뼈를 발라낸다.
2. 한 마리에 5cm정도의 길이로 5-6토막 정도를 내어 채반에 물기를 뺀다.
3. 대가리와 뼈는 생강, 무, 통후추, 다시마를 넣고 푹 고아 육수를 만든다.
4. 3의 육수 1컵에 양념장 재료를 넣어 30분 쯤 달인다. 양념장이 붉은 빛을 띄우면서 윤기가 나고 끈끈해져야 다 된 것인데, 만들어 둔 양념장을 쓸 때마다 조금씩 덜어 따뜻하게 데워서 써야 고기가 식지 않아 좋다.
5. 손질한 뱀장어를 양념장에 재워 놓고 숯불에 석쇠를 달군 후 장어를 굽는다. 양념장을 4~5회 정도 더 발라가며 굽는다.

玉露酒 옥로주
선지해장국, 너비아니구이

선지해장국

재료 및 분량

소뼈 1kg, 선지 3컵, 콩나물 150g, 우거지 150g, 고추장 1큰술,
된장 3큰술, 다진 마늘 1큰술, 청장 3큰술, 소금 1큰술,
대파 35g(1뿌리), 마늘 20g(5쪽), 물 4L(20컵)

만드는 법

1. 소뼈는 찬물에 담가 핏물을 뺀 다음 물을 많이 붓고 센 불에서 끓이다가 중간에 마늘과 대파를 넣는다. 끓기 시작하면 불을 약불로 낮추어 6시간 이상 푹 끓인다.
2. 육수의 맛이 충분히 우러나면 뼈는 건져 내고 된장을 풀어서 끓인다.
3. 선지는 끓는 물에 소금을 약간 넣고 한 국자씩 떠 넣어 삶아서 찬물에 담가 둔다.
4. 콩나물은 뿌리를 다듬어 씻고 배추나 무청 우거지는 끓는 물에 데쳐서 송송 썰어 고추장과 다진 마늘을 넣은 다음 살짝 주물러서 끓는 된장국에 넣는다.
5. 한소끔 끓으면 삶은 선지를 한 데 끓여서 청장과 소금으로 간을 맞춘다.

해장국은 술독을 풀어주는 국으로 각 지방마다 해장국의 종류가 다르다. 서울은 소뼈국물에 선지를 넣은 선지해장국이나 소뼈국물에 끓인 우거지된장국이 대표적이다. 주로 종로구 청진동에 주로 밀집되어 있는데, 1937년 종로구청 옆자리에 나무시장이 늘어서자 나무꾼들을 상대로 이간난이라는 사람이 평화관이란 국밥집을 차리면서 이 일대가 해장국 골목으로 유명해졌다. 예전의 소문난 고급 해장국으로는 경기도 광주 남한산성의 명물이었던 "효종갱(曉鐘羹)"을 들 수 있다. 1925년『해동죽지(海東竹枝)』에는 "광주성(廣州城) 안에서는 효종갱을 잘 끓인다. 배추 속대· 콩나물· 표고버섯· 소갈비· 해삼· 전복에 토장을 섞어서 종일 푹 곤다. 밤에 국 항아리를 솜에 싸서 서울로 보내면 새벽종[曉鐘]이 울릴 때쯤 재상집에 이른다. 국 항아리가 아직 따뜻하고 해장에 더 없이 좋다."고 소개되어 있다. 서울의 재상들이 시켜 먹었을 만큼 소문난 해장국이었다.

너비아니구이

재료 및 분량

쇠고기(등심 또는 안심) 500g
양념 간장 4큰술, 배즙 4큰술, 설탕 2큰술, 다진 파 3큰술, 다진 마늘 1½큰술, 깨소금 1½큰술, 참기름 1½큰술, 잣가루 1작은술, 후춧가루 약간

만드는 법

1. 연한 등심이나 안심 부위를 0.5cm 두께로 얇게 저며 썬 다음 가로, 세로로 잔 칼집을 넣어 연하게 한다.
2. 양념을 만들어 고기에 켜켜이 넣으면서 골고루 주물러 무쳐 간이 배게 해둔다.
3. 30분 정도 재워 둔 고기를 뜨겁게 달군 석쇠에 얹어 양면을 고루 익힌다. 약간 센 불에서 단시간에 구워 내는 것이 좋다.
4. 그릇에 담고 잣가루를 뿌린다.

너비아니는 쇠고기구이 중 가장 대표적인 것으로 너붓너붓하게 썰어서 너비아니라고 붙인 듯 하며 요즘의 불고기를 말한다. 너비아니의 원조격인 '맥적'은 우리나라 상고시대 조리법의 발달상을 볼 수 있는 대표적인 구이였다. 고려시대에 접어들면서 불교의 영향으로 소의 도살법이나 조리법이 미숙해졌으나 몽고의 지배에 들어감에 따라 옛 요리법인 맥적을 되찾아 고려시대와 조선시대에는 '설야멱(雪夜覓)'이란 요리가 탄생했으며 너비아니로 발전하였다. 너비아니용 고기는 너무 얇으면 구울 때 조각이 떨어져 맛이 덜하므로 등심이나 안심 덩어리를 약간 두껍게 썰어서 잔칼질을 하는 것이 좋다.

聞香梨酒 문배술

양지머리편육, 추어탕

양지머리편육

재료 및 분량

쇠고기(양지머리) 240g, 물 1.2L(6컵), 소금 10g(⅔큰술), 대파 15g(⅓뿌리), 마늘 30g(7쪽)

초장 간장 20g(1¼큰술), 식초 8g(2/3큰술), 물 10mL(⅔큰술), 설탕 4g(1작은술), 잣가루 1g(½작은술)

만드는 법

1. 양지머리는 찬물에 담가 핏물을 빼고 건져 냄비의 물이 끓어오르면 양지머리를 넣고 삶는다.
2. 국물이 다시 끓어오르면 향채로 준비한 대파와 마늘을 넣고 중불로 낮추어 줄이고 위에 떠오르는 거품을 가끔 걷어내면서 서서히 끓인다.
3. 2시간 정도 삶아 고기가 무르게 익으면 소금을 넣어 다시 끓여 젓가락으로 찔러 보아 흐물거리지 않을 정도로 익었을 때 양지머리를 꺼낸다.
4. 젖은 면포에 편평하게 싸고 위에 도마로 눌러 모양을 반듯하게 만든다.
5. 눌러 놓은 고기를 폭 5cm로 고깃결의 반대 방향으로 얇게 썰어서 그릇에 흐트러지지 않게 담는다.
6. 초장을 만들어 함께 낸다.

추어탕

재료 및 분량

미꾸라지 280g, 우거지 160g, 물 1.6L(8컵), 고수징 80g(4¼큰술), 된장 10g(½큰술), 쪽파 30g, 생강 20g(5쪽), 통마늘 20g(5쪽), 다진 마늘 6g(1작은술), 소금 8g(½큰술), 들깨 8g(1큰술), 고춧가루 4g(2작은술), 참기름 4g(1작은술), 후춧가루 약간

만드는 법

1. 미꾸라지는 뚜껑이 있는 그릇에 넣고 소금을 뿌려 해감을 토하게 하고 다시 소금물에 여러 번 헹군다.
2. 솥에 미꾸라지, 물, 마늘, 생강, 소금을 넣고 푹 삶은 뒤 분쇄기로 곱게 갈고, 들깨는 깨끗이 씻어 물 ½컵을 넣고 곱게 갈아 고운체에 받친다.
3. 끓여놓은 국물에 우거지, 고춧가루, 된장을 넣고 끓인다.
4. 곱게 갈아 받친 들깨국물과 송송 썬 쪽파, 다진 마늘, 참기름, 후춧가루를 넣고 소금으로 간한다.

농촌에서는 추분이 지나고 찬바람이 돌기 시작하면 논에서 물을 빼주고 논 둘레에 도랑을 파는데 이를 '도구친다'고 한다. 도구 치면 진흙 속에서 겨울잠을 자려고 논바닥으로 파고들어간 살찐 미꾸라지를 잔뜩 잡을 수 있다. 이것으로 국을 끓여서 동네잔치를 여는데 이를 '갚음 턱' 또는 '상치마당'이라고 한다.
마을 어른들에게 감사의 표시로 미꾸라지 국을 대접하는 것이다. '상치(尙齒)'는 노인을 숭상한다는 뜻이다. 어렵게 살다보면 마을 어른들로부터 많은 덕을 보고 사는데, 그 덕에 보은하는 뜻에서 베푼 잔치이기에 '갚음 턱'이라고 하였을 것이다.
추어탕은 이렇게 서민적인 음식이었다. 조선시대 기록에서 추어탕에 대한 언급을 찾을 수 없는 데 대해서는 '너무나 서민적인 음식이기에 기록에서 소외됐다'고 쓰고 있다. 특히 예전부터 여름철 더위와 일에 지친 농촌 사람들에게 요긴한 동물성 단백질 급원이었으며 무기질과 비타민도 풍부하다.

우리나라의 名酒 ③ 강원도

옥선주(玉鮮酒)

　증류주를 술이 마치 이슬 같다 하여 '로(露)주', 땀이 나는 것 같다 하여 '한(汗)주', 투명하고 맑다 하여 '백(白)주', 독한 기운 때문에 '기(氣)주' 라고 불리었다. 여기에 떨어지는 증류액이 옥같이 곱다 하여 '옥(玉)'자가 들어간 아름다운 이름을 가진 술 있다. 옥선주는 강원도의 질 좋은 옥수수와 쌀을 이용하여 발효시킨 술을 증류하여 만들어 내는 증류주다.

　홍천의 옥수수를 주원료로 각종 한약재를 첨가하여 순곡100%로 증류시켜 빚어낸 증류소주로서 연갈색을 띠고 있는 이 술은 일반 양주와도 견주어 손색이 없으며 향이 독특하고 숙취를 느끼지 않는 한국전통민속주로 자리잡아가고 있다.

　강원지역 대표 농산물인 옥수수를 주원료로 빚어 부드럽고 깊은 맛, 향이 좋은 옥선주는 임금님께 진상한 술로도 유명하다. 마실 때마다 깔끔하고 술이 깰 때 머리가 아프지 않아 애주가들로부터 꾸준하게 사랑을 받아온 혼성약주(混成藥酒)다.

오죽청주(烏竹淸酒)

  오죽청주는 강원도 동해안 지역에서 자생하는 오죽(烏竹)의 잎을 이용한 강원도 지방의 민속약주이다. 찹쌀에 엿기름과 오죽잎이 들어가는 속성주로 찹쌀동동주에 속한다. 여름철에 술이 상하기 전에 빠른 발효를 하기 위해 엿기름을 이용한다. 한여름에 시원하게 건강 약주로 이용하는데 그 향과 맛이 으뜸으로 전해진다.

烏竹軒

강원도 강릉시 죽헌동(竹軒洞)에 있는 조선 중기의 목조건물로 1963년 1월 21일 보물 제165호로 지정되었다. 정면 3칸, 측면 2칸의 단층 팔작지붕 양식이다. 신사임당과 율곡(栗谷) 이이(李珥)가 태어난 집으로 조선 중종 때 건축되었으며, 한국 주택건축 중에서 가장 오래된 건물에 속한다.

玉鮮酒 옥선주

정선황기탕, 느르미

정선황기탕

재료 및 분량

황기 50g, 대추 25g, 밤 40g, 찹쌀 170g(1컵), 닭 1kg(1마리), 마늘 20g(5쪽), 물 3L(15컵), 소금 적량

만드는 법

1. 닭을 깨끗이 손질한 뒤 씻어 물기를 빼고, 밤은 껍질을 벗긴다.
2. 찹쌀은 깨끗이 씻어 물에 담가 30분 이상 불린 후 물기를 뺀 후 대추, 마늘과 함께 닭 뱃속에 넣고 실로 꿰맨다.
3. 솥에 닭과 황기를 넣고 물을 부어 1시간 이상 끓여 익힌 후 소금으로 간을 맞춘다.
4. 그릇에 닭을 통째로 담은 뒤 국물을 얹어 낸다.

느르미

재료 및 분량

쇠고기 200g, 도라지 100g, 배추 100g, 생다시마 100g, 고비 100g, 쪽파 100g, 식용유 , 꼬치 적량

쇠고기 양념_ 간장 1큰술, 다진 마늘 ½큰술, 다진 파 1큰술, 설탕 1작은술

장물_ 간장 1큰술, 설탕 ½큰술, 물 1큰술, 다진 마늘 ½큰술, 다진 파 1큰술

만드는 법

1. 쇠고기는 길이 6cm, 폭 1cm, 두께 0.8cm로 썰고 양념하여 30분 정도 재운다.
2. 도라지는 굵기가 굵은 것은 4등분, 가는 것은 2등분하여 길이 5cm 썰어 끓는 소금물에 살짝 데친다.
3. 배추는 소금에 절여 같은 크기로 썬다. 겨울에 배추가 없을 때에는 배추김치 속을 털어내고 씻어 쓴다.
4. 생다시마는 물에 담가 두었다 불어나면 같은 크기로 썰고, 쪽파도 5cm 길이로 썬다.
5. 고비는 마른 것은 푹 삶아 길이를 맞추어 썰고 고비가 없을 경우에는 고사리를 쓰기도 한다.
6. 준비한 모든 재료를 색을 맞추어 꼬치에 꿰어 팬이 뜨거워지면 식용유를 조금 두르고 지져 낸다.
7. 간장, 설탕, 다진 파, 다진 마늘, 물을 섞어서 잠깐 끓여 장물을 만든다.
8. 6의 느르미를 팬에 놓고 7의 장물을 조금씩 얹어서 뒤집어가며 은근히 지진다.

烏竹淸酒 오죽청주

오징어순대, 메밀부침

오징어순대

재료 및 분량

오징어 1kg(작은 크기 4마리), 찹쌀 100g(1컵), 전분 150g(1컵), 달걀 200g(4개), 우엉 70g, 오이 70g(½개), 당근 70g(½개), 간장 2큰술, 소금, 참기름

만드는 법

1. 오징어는 싱싱한 것으로 골라 다리 쪽으로 손을 넣어 내장과 뼈를 제거하고 오징어 몸통은 소금 간을 한 후 깨끗이 씻어 물기를 뺀다.
2. 달걀은 황백지단을 부친다.
3. 황백지단, 오이, 당근, 우엉은 길이 5cm, 두께 0.5cm로 채 썬다.
4. 오이와 당근은 채 썰어 소금에 절였다가 물기를 뺀 다음 기름 두른 팬에 살짝 볶는다. 우엉은 채 썰어 기름 두른 팬에 볶아 간장으로 간을 맞춘다.
5. 찹쌀은 씻어 물에 충분히 불린 다음 찜통에 넣고 20분 쪄낸 후 참기름과 소금으로 간을 하고 황백지단과 볶아놓은 오이, 당근, 우엉을 고루 섞는다.
6. 오징어 안쪽에 전분을 넣었다가 털어낸 다음 오징어의 8부정도 속을 채워 넣고 입구를 꼬치로 꽂아 속이 새어 나오지 않게 고정시킨다.
7. 찜통에 물이 끓기 시작하면 오징어를 올려 센 불로 15분 정도 찐다.
8. 완전히 식으면 먹기 좋은 크기로 썬다.

강원도에서는 돼지창자를 이용한 순대, 오징어순대, 동태순대 등이 있다.
다른 방법으로 두부와 채소에 갖은 양념을 하여 오징어의 몸통 속에 채워 넣기도 한다.

메밀부침

재료 및 분량

메밀가루 300g, 배추김치 50g, 물 2컵, 소금 1작은술, 식용유 2큰술, 참기름 ½큰술, 깨소금 1작은술

만드는 법

1. 메밀가루에 물과 소금을 넣어 걸쭉하게 반죽한다.
2. 배추김치는 속을 털어내고 참기름과 깨소금을 넣어 양념한다.
3. 팬을 달구어 식용유를 두르고 메밀 반죽을 얇게 편 후 배추김치를 얹고 한쪽면이 익으면 뒤집어 익힌다.

우리나라의 名酒 ④ 충청도

계룡 백일주(鷄龍百日酒)

계룡산 자락에서 채취한 가을 국화를 넣어 빚는 술이 바로 계룡 백일주다. 계룡에서 빚어져 100일이 지나야 만날 수 있기에 술 이름 또한 계룡 백일주라 한다. 약주이면서 어떠한 첨가물 없이 자연에서 얻어진 순수한 원료들을 이용했기에 그 맛 또한 순수하다. 충남 공주 명망있는 집안의 가양주로서 조선 인조때의 공신 이귀가 왕실로부터 받은 제조법을 바탕으로 지금껏 내려오는 유명한 약주다. 다른 약주에 비하여 단맛이 적고 공이 많이 들어가는 고급술이다.

연엽주(蓮葉酒)

구한말 극심한 가뭄으로 백성들이 굶주림에 허덕일 때 당시 임금이었던 고종은 대궐은 물론 사대부 집안까지 잡곡밥을 먹을 것을 명하였다. 이렇게 되자 기력이 떨어지는 임금의 건강을 걱정한 신하들이 몸에 좋은 술을 빚어 올리게 되었는데 그때 채택된 약주가 바로 연엽주이다.

연엽주는 연잎과 솔잎, 누룩, 감초, 멥쌀과 찹쌀 등을 사용해 만드는 청주다. 가문의 제사 때 올리는 제주로 빚어오던 술이다. 연엽주의 알코올 도수는 13도 정도인데, 집에서 전통식으로 담그기 때문에 일정한 도수를 유지하기는 어려워 12도에서 15도 사이가 된다고 한다. 연엽주는 색깔은 그리 맑지 않으나 맛은 매우 좋다. 솔잎 향과 연잎 향이 섞인 은은하고 오묘한 향이 나면서 맛이 부드럽고 그윽하다. 약간 새콤하기도 하다. (충청남도 무형문화재 제11호 이득선)

두견주(杜鵑酒)

고려 개국공신 복지겸장군과 연관된 설화가 전해내려오는 술이다. 장군의 병환이 100일간의 치성과 두견주를 복용하여 나았다는 설화가 있는데 이때의 술은 인근의 아미산의 진달래와 이 마을의 맑은

샘물인 '안샘'의 물로 빚었다고 한다. 두견주는 『산림경제』, 『동국세시기』, 『임원십육지』 등 각종 문헌에 등장하는 유래 깊은 술로 찹쌀과 누룩, 진달래꽃으로 빚은 이양주로서 완성까지 100일이 걸리는 술이다.

두견화는 진달래꽃을 의미하는데, 면천 지역에서 활짝 핀 진달래꽃으로 빚는 술이 바로 면천 두견주다. 4월 초순에 활짝 핀 진달래꽃을 채취하여 꽃술을 떼고 말려 두었다가 술을 빚을 때 함께 혼합하여 빚는데, 은은한 술의 향기와 맛에서 두견화의 향취를 느낄 수 있다.

찹쌀로 빚어 80~100일 이상 발효숙성과정을 거쳐 완성된 술로 연한 황갈색을 띠고 단맛이 나며 신맛과 누룩냄새가 거의 없다.

소곡주(素麴酒)

우리나라에서 가장 오랜 역사를 가진 술 중 하나가 바로 소곡주다. 한산소곡주(韓山素麴酒)의 유래는 확실치 않지만 백제 유민들이 나라를 잃고 그 한을 달래기 위하여 빚어 마신 백제 때의 궁중 술이며, 백제 멸망 후에 유민들이 나라 잃은 한을 달래기 위해서 하얀 소복을 입고 술을 빚었다고 하여 소곡주로 불리게 되었다고 한다.

또 다른 유래는 누룩이 적게 들어간다 하여 붙여진 이름으로, 지금으로부터 1,500년 전부터 전승되어 온 명주 중의 명주라 할 수 있다. 오랜 시간 발효와 숙성을 거쳐 빚어지기 때문에 맛이 매우 부드러워 누구나 편하게 즐길 수 있다. 또한 소곡주는 '앉은뱅이 술'로 많이 알려져 있는데, 이는 술이 좋아 취하는 줄 모르고 마시다가 그 자리에 주저앉게 되기 때문이라 한다. (전통 식품 명인 19호 우희열)

鷄龍百日酒 계룡백일주

주꾸미회, 돼지족찜

주꾸미회

재료 및 분량

주꾸미 6마리, 굵은 소금 1큰술, 밀가루 1큰술
초고추장_ 고추장 1큰술, 다진 파 1작은술, 다진 마늘 1작은술, 식초 1큰술, 설탕 1큰술, 통깨 약간

만드는 법

1. 주꾸미의 머리를 뒤집어서 먹통을 떼어 낸다.
2. 굵은 소금과 밀가루를 넣고 고루 주물러 주꾸미의 빨판 속의 뻘과 이물질을 제거한다. 너무 많이 헹구면 주꾸미의 본맛을 잃으므로 두세 번 정도 헹구어 낸다.
3. 끓는 물에 손질한 주꾸미를 넣어 재빨리 데쳐 낸다.
4. 초고추장을 만들어 곁들인다.

돼지족찜

재료 및 분량

돼지 족 1벌, 대파 35g(1뿌리), 양파 80g(1/2개), 붉은 고추 45g(3개), 쪽파 20g, 마늘 30g(1통), 생강 20g(5쪽), 된장 1큰술, 물엿 1큰술, 물 적량, 깨소금 적량
양념_ 간장 5큰술, 다진 마늘 적량, 다진 파 적량, 설탕 1큰술, 들기름 1큰술

만드는 법

1. 돼지족을 깨끗이 손질하여 된장을 푼 물에 돼지족과 대파, 양파, 생강, 마늘을 넣고 대파가 푹 무를 정도로 삶아 건져 찬물에 씻어 낸다.
2. 삶은 돼지족에 양념을 하여 물을 붓고 푹 끓여 국물이 졸아들면 곱게 채 썬 고추와 쪽파를 넣고 고루 섞은 다음 넓은 쟁반에 펼쳐 놓고, 깨소금을 뿌려 굳힌다.

蓮葉酒 연엽주
버섯탕, 바지락전

버섯탕

재료 및 분량

느타리버섯 300g, 돼지고기 200g, 두부 200g(⅓모), 삶은 시래기 200g, 물 1.6L(8컵), 청장 3큰술, 깨소금 1큰술, 참기름 약간

만드는 법

1. 느타리버섯은 살짝 데쳐서 물기를 짠 후 잘게 찢어 깨소금과 참기름으로 간을 한다.
2. 돼지고기는 적당한 크기로 썰고, 두부는 가로 3cm, 세로 2cm, 두께 0.5cm로 납작하게 썰고 삶은 시래기는 5cm 길이로 썬다.
3. 냄비에 물을 붓고 시래기, 돼지고기, 두부를 넣어 끓인 다음 무쳐 놓은 느타리버섯을 넣고 청장으로 간을 맞춘다.

바지락전

재료 및 분량

바지락살 100g, 풋고추 30g(2개), 양파 20g, 밀가루 70g(⅓컵), 달걀 50g(1개), 다진 마늘 1작은술, 소금 1작은술, 식용유 적량

만드는 법

1. 바지락살을 굵게 다진다.
2. 양파는 다지고, 풋고추는 송송 썬다
3. 바지락살과 다진양파와 풋고추에 다진 마늘을 섞고 밀가루와 달걀, 소금을 넣어 반죽한다.
4. 팬을 달구어 식용유를 두르고 반죽을 숟가락으로 떠 넣어 양면으로 노릇하게 지져 낸다.

杜鵑酒 두견주

참붕어찜, 고추산적

참붕어찜

재료
참붕어 2마리, 무 200g(1/5개), 시래기 200g, 생콩가루 30g, 깻잎 30g(15장), 쑥갓 30g, 미나리 30g

양념장_ 간장 1컵, 물엿 3큰술, 청주 3큰술, 설탕 2큰술, 매운 고추 15g(1개), 다진 파 2큰술, 다진 마늘 1큰술, 다진 생강 ½큰술, 물 1컵

만드는 법
1. 참붕어는 손질한 다음 어슷하게 칼집을 넣는다.
2. 무는 가로 4cm, 세로 3cm, 두께 0.5cm로 납작하게 썰고 깻잎, 쑥갓, 미나리는 적당한 길이로 썬다.
3. 매운 고추는 다져 분량의 재료와 섞어 양념장을 만든다.
4. 두꺼운 냄비에 무와 시래기를 깔고 붕어를 놓아 양념장을 고루 끼얹은 다음 물을 자작하게 부어 끓인다.
5. 붕어가 어느 정도 익으면 생콩가루를 뿌리고 나머지 채소를 넣은 후 한소끔 더 끓인다.

> 천렵이 한창인 늦봄에서 초여름에 냇가나 강에서 가장 흔히 잡히는 것이 붕어이며, 이를 부어 또는 즉어라고도 한다. 옛 조리서에는 붕어구이와 붕어찜 조리법이 많이 나오는데, 『시의전서』에 나오는 붕어찜 조리 방법을 살펴보면 "큰 붕어의 비늘을 긁고 칼로 등마루를 째서 속을 내 버리고 어만두 소처럼 만들어 배 속에 넣고 좋은 초 두 술을 붓는다. 고기 입 가운데 조그만 백반 조각을 넣는다. 생선을 잘라 구멍난 데에 녹말을 묻히고 실로 동여매어 노구에 물을 조금 붓고 기름장에 뭉근한 불로 끓이되 밀가루와 달걀을 풀어 넣는다."고 하였다.

고추산적

재료 및 분량
청고추 140g(10개), 붉은 고추 90g(6개), 돼지고기 200g, 대파 35g(1뿌리), 식용유 적량

돼지고기 양념_ 고추장 2큰술, 간장 ½작은술, 다진 파 2작은술, 다진 마늘 1작은술, 설탕 1큰술, 생강즙 1작은술

만드는 법
1. 분량의 재료로 돼지고기 밑간 양념을 만든다.
2. 돼지고기는 0.7cm 두께로 얇게 저미고 청고추 보다 약간 길게 썬 다음 양념에 재운다.
3. 청고추와 붉은 고추는 꼭지를 떼어 내고 반으로 갈라 씨를 털어 낸 후 끓는 물에 살짝 데친다.
4. 대파는 깨끗이 씻어 반으로 갈라 고추와 같은 크기로 썬다.
5. 꼬치에 청고추, 붉은 고추, 대파, 돼지고기를 차례로 끼우는데, 돼지고기가 양 끝에 오도록 끼워야 재료가 빠지지 않는다.
6. 팬을 달구어 식용유를 두르고 고기에 남은 양념을 발라가며 구워 낸다.

韓山素穀酒 한산소곡주

대하탕, 동치미굴회

대하탕

재료 및 분량

대하 500g(5마리), 콩나물 50g, 양파 50g(⅓개), 무 50g, 쑥갓 20g, 대파 20g(½뿌리), 물 1.6L(8컵)

양념 된장 1큰술, 고추장 2큰술, 고춧가루 1큰술, 소금 ½작은술, 다진 마늘 1큰술

만드는 법

1. 콩나물은 머리와 꼬리를 다듬어 깨끗이 씻는다.
2. 무는 가로 2.5cm, 세로 2.5cm, 두께 0.3cm로 나박 썰고, 양파는 0.3cm 너비로 채 썬다.
3. 냄비에 물을 붓고 콩나물, 무, 양파를 넣고 끓이다가 대하를 넣는다.
4. 국물이 끓으면 된장과 고추장을 풀어 넣고, 다진 마늘과 고춧가루로 양념한다.
5. 한소끔 끓어오르면 소금으로 간을 맞추고 대파와 쑥갓을 얹는다.

동치미굴회

재료 및 분량

동치미 무 300g, 동치미국물 2컵, 굴 200g(1컵), 배 150g(½개), 고춧가루 2큰술, 깨소금 1큰술, 소금 약간

소금물 소금 1작은술, 물 1컵

만드는 법

1. 굴은 소금물에 깨끗이 씻어 소쿠리에 건진다.
2. 동치미 무와 배는 길이 5cm, 너비 1cm, 두께 0.5cm로 썬다.
3. 동치미국물에 썰어 놓은 무와 배를 넣고 소금으로 간을 맞춰 차게 둔다.
4. 굴에 고춧가루, 깨소금을 넣어 버무린 다음 3의 차가운 동치미국물을 붓는다.

> 동치미국물은 기호에 따라 설탕과 식초를 넣기도 하며, 굴은 상에 내기 직전에 넣어야 한다.
> 서해안 지역에서 나오는 굴은 늦가을부터 겨울철이 제 맛인데, 동치미국물 대신 김장김치국물을 사용하기도 하며, 봄, 가을에는 열무김치국물을 사용하기도 한다. 술안주, 반찬, 간식으로 다양하게 활용되었다

우리나라의 名酒 ⑤ 경상도

안동소주(安東燒酒, 安東燒酎)

안동지방의 이름난 집에서 전수되어 오던 증류식 소주로, 일반 백성들은 안동소주를 상처, 배앓이, 식욕부진, 소화불량 등에 구급처방으로 활용하기도 했다.

안동소주는 쌀, 보리, 조, 수수, 콩 등 다섯 가지 곡물을 물에 불린 후 시루에 쪄서 여기에다 누룩을 섞어 10일 가량 발효시켜 진술을 만든다. 이 진술을 솥에 담고 그 위에 소주고리를 얹어 불을 지피면 진술이 증류되어 소주가 만들어진다. 목성산의 맑은 물이 좋아 이곳에서 생산되는 안동소주는 그 맛과 향이 뛰어나다. (전통 식품 명인 20호 조옥화)

교동법주(校洞法酒)

경주 최부잣집의 가양주로 수백 년의 전통을 이어온 역사만큼이나 맛 또한 깊은 술이다. 찹쌀로 빚어져 찹쌀의 단맛이 입에 착 달라붙고, 살균을 하지 않고 1년의 시간이 흐른 뒤에 맛볼 수 있어서 '살아 있는 술'로 불린다. 100여 일간 숙성시킨 교동법주는 외관이 맑고 투명한 미황색을 띠며 특유의 향기와 감미를 내는 부드러운 술이다.

호산춘(湖山春)

황희 정승이 즐겨 마시던 술이라 하여 더욱 유명한 술이다. 호산춘은 장수 황씨(長水黃氏) 소윤공파 집안의 가양주로 술에 대한 유래는 두 가지가 전한다. 약 200년 전 당시 여유 있는 생활을 하던 장수 황씨들은 향기롭고 맛있는 술을 즐기는 것을 좋아했는데, 시(詩) 짓기를 즐기는 풍류객 황의민이 자기 집에서 빚은 술에 본인의 시호인 호산(湖山)에, 술에 취했을 때 흥취를 느끼게 하는 춘색을 상징하는 춘(春)자를 넣어 '호산춘'이라는 이름을 붙인 것이 오늘날의 '문경 호산춘'의 시작이라고도 하고, 조선시대 명주였던 호산춘의 제조법에서 유래하여 문경의 지리적 기후와 환경이 산 깊고 물이 맑다는 뜻과 환경변화에 따른 가양주법의 솔잎을 가미하여 제조한 술이라는 뜻에서 '병 호(壺)' 자를 '물 호(湖)' 자로 바꾸어 부르게 되었다는 설명이 있다. 따라서 문경 호산춘은 현재 문헌의 기록에서 볼 수 있는 호산춘(壺山春)과는 다른 주품이라고 할 수 있는데, 문경 지방의 호산춘은 솔잎이 첨가되어 솔향이 그윽한 술로서, 쌀 1되에서 술 1되를 빚

어내는데, 산북면 대하마을에서 나는 물을 새벽 0시에서 4시 사이에 길어와 끓이고 식혀서 술을 빚어야 제 맛을 낼 수 있다고 알려져 있다.

하향주(荷香酒)

대구의 하향주는 연꽃이나 연잎을 넣은 것도 아닌데 연꽃 향기가 난다 하여 '하향주(荷香酒)'라 한다. 술에서 은은한 연꽃 향이 슬그머니 올라오는 기품을 지닌 술이다. 쌀만으로 술을 빚어도 과실이나 꽃 향 등이 올라오기도 하는데 이러한 곡주에 인동초, 쑥, 국화를 넣어 새로운 향기를 내는 술이 바로 하향주다. 쑥을 넣어 빛깔을 푸르게 하고 국화를 넣어 황금빛을 만들어 내니, 하향주는 그 효능은 물론이고 아름다운 색과 향기를 지닌 우리나라의 대표적인 명주라 할 수 있다.

과하주(過夏酒)

김천 과하주는 2가지 종류의 술이 나오는데 하나는 옛날 김천 지방에 '금지천'이란 샘에서 퍼 온 물로 빚은 술이고, 다른 하나는 술을 빚는 과정에 증류주를 넣어 함께 발효시키는 술이다. 과하주 제조법이 처음 소개된 문헌은 1670년대 『음식디미방』으로 발효주에 증류주를 혼합해 빚는 술 제조법이 기록되어 있다. 김천 과하주는 옛 문헌에 따르면 '달고 독하다'고 기록되어있는 술이다.

부산산성 막걸리

부산금정산 막걸리 병에는 이런 글귀가 담겨 있다. "금정산성 막걸리는 일명 부산산성막걸리로 널리 알려져 왔으며 고(故) 박정희 대통령께서 대통령령으로 허가한 대한민국 민속주 1호입니다. 500년 전통의 산성누룩과 금정산의 암반수를 사용함으로써 옛날 막걸리 맛을 그대로 느낄 수 있는 알코올 도수 8%의 살아 있는 쌀 막걸리입니다."

이 술은 직접 디딘 전통 방식의 누룩을 사용하는데, 이렇게 만들어진 누룩을 누룩방에 넣어 발효시킨 다음 완성된 누룩을 말린 후 빻아서 쌀과 혼합하여 만들어낸다. 금정산의 맑은 공기와 좋은 물 그리고 구수한 누룩으로 완성되는 막걸리의 맛이 일품이다.

安東燒酒 (燒酎) 안동소주

안동찜닭, 인삼정과

안동찜닭

재료 및 분량

닭 1마리(1kg), 당면 300g, 양배추 100g, 밀가루 1큰술, 통깨 약간, 감자 450g(3개), 양파 320g(2개), 당근 70g(½개), 대파 70g(2뿌리), 마른 고추 60g(6개), 건표고버섯 10g(3개), 물 2.5L(12½컵)

양념장_ 간장 1컵, 물엿 ½컵, 설탕 1큰술, 다진 마늘 2작은술, 생강 1작은술, 후춧가루 약간

만드는 법

1. 닭은 깨끗이 손질하여 적당한 크기로 토막 낸다.
2. 표고버섯은 미지근한 물에 불려서 4등분하고, 감자와 당근도 가로·세로 2cm로 썰어 가장자리를 둥글게 만든다.
3. 양파, 대파, 양배추는 길이 5cm로 굵게 채 썰어 밀가루와 골고루 섞는다.
4. 마른 고추는 길이 2cm, 폭 0.3cm로 어슷썰고, 당면은 찬물에 30분 정도 불린 후 삶는다.
5. 두꺼운 냄비에 닭, 표고버섯, 마른 고추, 양념장, 물을 넣고 10분 정도 센 불에서 끓인다.
6. 물이 반 정도 줄고 감자가 익으면 양파와 대파, 양배추를 넣고 뚜껑을 덮어 5분 정도 더 익힌다.
7. 삶아놓은 당면을 넣고 2분 정도 더 끓이다가 당면에 양념이 고루 배이면 통깨를 뿌려낸다.

▎안동지역의 찜닭은 채소와 고기, 당면이 어우러져 매콤한 맛과 달콤하면서도 담백한 맛이 조화된 음식이다. 처음부터 끝까지 센 불에서 조리해야 닭 냄새가 나지 않는다.

인삼정과

재료 및 분량

수삼 600g, 물엿 1kg, 물 100g, 꿀 100g, 소금 6g

만드는 법

1. 인삼의 뇌두를 자르지 않고 다듬어서 깨끗이 씻는다.
2. 김 오른 찜통에 수삼을 넣고 김이 오르면 10분정도 찐다.
3. 냄비에 물과 물엿, 찐 인삼을 넣고 약불에서 10분 정도씩 3시간 간격으로 6회 정도 반복하여 조린다.
4. 하루 2~3회씩 5일 정도 더 졸인다.
5. 꿀을 넣고 30분 정도 더 조린 다음 채반에 널고 가끔 뒤집으면서 이틀 정도 꾸덕하게 건조시킨다.
6. 먹기 좋은 크기로 썰어 낸다.

▎반복하여 끓일 때 엿물이 식은 다음에 끓이고, 불을 강하게 하지 않는다.

校洞法酒 교동법주
문어숙회, 파산적

문어숙회

재료 및 분량

문어다리 350g, 소금 4g, 데치는 물 1kg, 소금 2g
초고추장_ 고추장 38g(2큰술), 설탕 6g(½큰술), 식초 15g(1큰술)

만드는 법

1. 문어다리는 소금을 넣고 주물러 깨끗이 씻는다.
2. 냄비에 물을 붓고 센 불에 5분 정도 올려 끓으면 소금과 문어다리를 넣고 3~4분 정도 삶은 후 체에 밭쳐 물기를 뺀다.
3. 문어가 식으면 길이 5cm, 두께 0.3cm 정도로 어슷썬다.
4. 초고추장을 만들어 함께 낸다.

▪ 기름소금장을 곁들이기도 하고 문어다리의 굵기에 따라 삶는 시간을 조절한다.

파산적

재료 및 분량

실파 100g, 쇠고기 200g, 밀가루 25g(3큰술), 식용유 1큰술, 소금 1작은술, 설탕 약간
양념장_ 간장 1작은술, 밀가루 약간, 다진 마늘 ½작은술, 설탕 약간, 물 70mL(⅓컵)

만드는 법

1. 실파는 소금에 약간 절인 후 씻어 물기를 빼고 길이 6cm로 접고 끝을 돌돌 만다.
2. 쇠고기는 결대로 길이 7cm, 두께 1cm로 썰어 칼등으로 두들겨 소금 간을 한다.
3. 꼬치에 실파와 쇠고기를 번갈아 끼운 후 실파로 마무리 한다.
4. 앞뒤로 밀가루를 묻힌 후 양념장을 골고루 묻힌다.
5. 팬을 달구어 식용유를 두르고 타지 않게 은근하게 지진다.

湖山春 호산춘
두루치기국, 생선전

두루치기국

재료 및 분량

쇠고기 150g, 콩나물 150g, 무 100g, 느타리버섯 50g, 표고버섯 2장(30g), 실파 30g, 박고지 20g, 달걀 50g(1개), 물 1.6L(8컵), 다진 마늘 1큰술, 참기름 ½큰술, 소금 1½큰술, 석이버섯 약간, 실고추 약간

만드는 법

1. 무는 길이 5cm, 두께 0.2cm로 곱게 채 썰어 소금에 절인 후 물기를 꼭 짜고, 박고지는 손질하여 물에 불려 길이 5cm로 썬다.
2. 콩나물은 머리와 꼬리를 다듬어 씻어 놓고, 실파는 길이 5cm로 썬다.
3. 쇠고기는 납작하게 썰고, 느타리버섯은 길이대로 찢고, 표고버섯은 너비 0.5cm로 채 썬다.
4. 준비한 무와 박고지, 콩나물, 실파, 쇠고기에 참기름을 넣고 버무린다.
5. 석이버섯은 깨끗이 씻어 물기를 뺀 후 곱게 채 썰고, 실고추는 길이 4cm로 자른다.
6. 냄비에 물을 붓고 끓이다가 참기름에 양념한 무, 박고지, 콩나물, 실파와 쇠고기, 석이버섯을 넣어 끓인다.
7. 다진 마늘을 넣고 소금으로 간을 하여 한소끔 더 끓인 후 달걀을 풀어 끼얹고 실고추를 올린다.

▪ 달걀은 황백지단을 부쳐 고명으로 올리기도 한다.

생선전

재료 및 분량

흰살생선(동태) 1마리(1kg), 소금 1g, 흰후춧가루 0.3g, 밀가루 21g(3큰술), 달걀 120g(2개), 식용유 25g(2큰술)
초간장_ 간장 1큰술, 식초 1큰술, 물 1큰술, 잣가루 2g

만드는 법

1. 생선포에 소금과 흰 후춧가루를 뿌려 간을 해서 10분 정도 두었다가 물기를 닦는다.
2. 달걀을 풀어 놓는다.
3. 생선포에 밀가루를 입히고 달걀물을 씌운다.
4. 팬을 달구어 식용유를 두르고 생선을 놓고 중불에서 노릇하게 지져낸다.
5. 초간장을 만들어 곁들여 낸다.

▪ 전을 지질 때 센 불은 타기 쉽고 약불은 기름을 많이 흡수하여 옷이 벗겨지기 쉬워 중불에서 노릇하게 지진다.
▪ 민어, 광어, 대구 등의 흰살 생선도 같은 방법으로 만들 수 있다.

荷香酒 하향주
물회, 두부생채

물회

재료 및 분량

흰살생선 300g, 배 200g(½개), 오이 50g(⅓개), 당근 50g(⅓개), 실파 20g, 물 적량, 양파 40g(¼개), 김 5g(2장)
양념장_ 고추장 3큰술, 다진 마늘 1큰술, 참기름 1작은술, 깨소금 1작은술, 설탕 약간

만드는 법

1. 흰살생선은 세장 뜨기 하여 뼈와 껍질을 제거하고 얇게 저며 길이 4cm, 두께 0.5cm로 채 썬다.
2. 배, 당근, 오이, 양파는 길이 4cm, 두께 0.2cm로 곱게 채 썬다.
3. 실파는 0.5cm 크기로 송송 썰고, 김은 살짝 구워 부순다.
4. 그릇에 배, 당근, 오이, 양파를 깔고 채 썬 흰살생선, 실파, 김을 얹은 후 양념을 끼얹고 고루버무린 후 찬물을 붓는다.

■ 여러 종류의 어류나 오징어를 이용하여 만드는데, 찬물이나 얼음을 넣지 않기도 한다.

두부생채

재료 및 분량

무 500g(½개), 두부 120g(¼모), 소금 1작은술
양념_ 고운 고춧가루 2작은술, 소금 1작은술, 참기름 1큰술, 깨소금 1큰술

만드는 법

1. 무는 길이 5cm, 두께 0.2cm로 채 썰어 소금으로 절인 후 물기를 꼭 짠다.
2. 두부는 칼등으로 으깨어 면보에 싸서 꼭 짜 물기를 제거한다.
3. 무채와 두부에 고춧가루를 넣어 곱게 물들이고, 소금, 깨소금, 참기름을 넣어 무친다.

過夏酒 과하주
가오리찜, 배추전

가오리찜

재료 및 분량

참기름 1큰술, 통깨 1큰술, 실고추 약간, 가오리 2kg(1마리)
양념장_ 간장 6컵, 다진 마늘 2큰술, 다진 생강 1큰술, 설탕 ½컵, 식용유 ½컵, 참기름 2큰술, 후춧가루 약간

만드는 법

1. 가오리는 깨끗이 손질하여 4등분하고 2~3일 정도 꾸덕꾸덕하게 말린다.
2. 말린 가오리에 양념장을 발라 4~6시간 정도 재운다.
3. 김이 오른 찜통에 면포를 깔고 재워 둔 가오리를 넣어 30분 정도 찐 후 완전히 식으면 잘라 참기름을 살짝 바르고 통깨, 실고추를 뿌린다.

▌말린 가오리를 찜기에 쪄서 초고추장을 곁들이기도 한다.

배추전

재료 및 분량

배추잎 6장, 밀가루 1큰술, 소금 1작은술, 식용유 1큰술
반죽_ 밀가루 170g(1½컵), 소금 1작은술, 참기름 약간, 물 300mL(1½컵)
초간장_ 간장 1큰술, 식초 ½큰술

만드는 법

1. 배춧잎은 칼등으로 끊어지지 않을 정도로 두드려서 소금으로 간을 한다.
2. 밀가루에 물, 소금과 참기름을 넣어 반죽을 한다.
3. 배추에 밀가루를 뿌리고 반죽을 골고루 묻힌다.
4. 팬을 달구어 식용유를 두르고 배추를 놓고 앞뒤로 노릇노릇하게 지진다.
5. 배추전을 먹기 좋은 크기로 썰어서 그릇에 담고 초간장을 곁들인다.

▌배추전은 제사음식은 물론 각종 길흉사, 집안 행사에서부터 즉석에서 만들어 먹는 간식에 이르기까지 그 쓰임새가 다양하다. 여러 종류의 채소를 이용하고 메밀가루를 이용하기도 한다.

부산산성막걸리

파래전, 다슬기회무침

파래전

재료 및 분량

생파래 300g, 찹쌀가루 100g(1컵), 청장 1½큰술, 식용유 ½큰술

만드는 법

1. 파래는 깨끗이 씻어 물기를 뺀다.
2. 파래에 찹쌀가루를 섞고 청장으로 간을 하여 반죽을 한다.
3. 팬을 달구어 식용유를 두르고 파래반죽을 1큰술씩 떠 넣어 노릇하게 지진다.

다슬기회무침

재료

다슬기 500g, 오이 100g(⅔개), 미나리 30g, 부추 30g, 양파 30g, 방아잎 20g, 깻잎 16g(10장)

양념장_ 고추장 2큰술, 식초 2큰술, 설탕 ½큰술, 통깨 ½큰술, 참기름 1작은술, 다진 생강 약간

만드는 법

1. 다슬기는 박박 문질러 씻이 채에 받쳐 30분 정도 두면 머리를 내민다.
2. 냄비에 물을 붓고 물이 팔팔 끓으면 다슬기를 넣고 삶아 건져 식혀 다슬기 살을 이쑤시게로 발라낸다.
3. 부추, 미나리는 길이 5cm로 썰고, 깻잎, 양파, 방아잎, 오이는 길이 5cm, 두께 0.5cm로 굵게 채 썬다.
4. 준비된 모든 재료에 양념장을 넣어 무친다.

> 다슬기를 끓일 때는 박박 문질러 깨끗이 씻어 놓아두면 머리를 내밀고 나올 때 끓는 토장국에 넣어야 다슬기 살을 발라내기 쉽다.

우리나라의 名酒 전라도

죽력고(竹瀝膏)

증류주법(蒸溜酒法)에 의한 술로 대나무가 많은 전라도 지방의 전통주이자 조선의 3대 명주로 일컬어지는 술이다. 모든 명주의 공통점은 손이 많이 간다는 것인데, 죽력고를 제조하는 것 또한 아주 많은 노력을 기울여야 한다. 죽력고에서 가장 중요한 것은 '죽력'을 만드는 것이다.

죽력은 푸른 대나무를 쪼개 항아리에 넣고 열을 가해 얻어진 대나무 진액인데, 이렇게 만들어진 죽력과 꿀, 생강 등을 넣어 증류한 술이 죽력고이다. 그 제조법을 『증보산림경제』에서 보면 "대나무의 명산지인 전라도에서 만든 것이 유명하다. 청죽(靑竹)을 쪼개어 불에 구워 스며 나오는 진액과 꿀을 소주병에 넣고 중탕하여서 쓰는데 생강즙을 넣어도 좋다."고 되어 있다. 오미가 조화를 잘 이루고 꿀과 생강에서 나는 부드러운 향과 맛이 코와 입을 자극한다.

이강주(梨薑酒)

이강주는 배(梨) 생강(薑)이 들어갔다 하여 붙여진 이름으로 배와 생강 이외에 울금, 계피 그리고 뒷맛을 좋게 하기 위해 꿀이 들어가는 것이 특징이다. 생강은 술을 빚을 때 소량을 넣게 되면 꿀보다 맛있는 맛과 꽃보다 좋은 향기를 내므로, 발효시켜 내린 증류주에 배와 생강 등을 넣어 장기간 숙성시키면 명주 이강주를 만든다. 이강주를 마실 때는 생강과 계피에서 나는 독특한 맛과 향 그리고 그 뒤에 따라오는 부드러움을 느낄 수 있고, 코를 통해 자극적인 알코올 내음도 전해진다. 특히 이강주는 고종 때 조미수호통상조약 체결 당시 국가 대표 술로 동참하였다는 기록이 남아 있다.

송순주(松筍酒)

예로부터 소나무 전체는 술을 빚는 주재료로 사용되어 왔다. 소나무의 잎, 마디, 줄기, 뿌리, 새순, 솔방울 등으로 빚어진 술들은 조선 시대 고문헌상에도 수없이 등장한다. 백양 송순주는 소나무의 잎과 봄에 돋아나는 새순(松筍)을 이용하기 때문에 향이 으뜸이다. 또한 한 잔 입에 머금게 되면 입 안이 솔향으로 가득 찬다. 술을 빚을 때 솔잎이나 송순을 너무 많이 넣으면 술맛

이 독하고 오히려 좋지 못한데, 백양 송순주는 솔잎과 송순을 적절히 혼합하여 입에 거부감이 없는 자연스러운 술이다. 『규합총서』, 『증보산림경제』, 『시의전서』, 『조선무쌍신식요리제법』에 소개되어 있다.

홍주(紅酒)

술의 빛깔이 붉어 붉을 '홍(紅)' 자를 써서 홍주라 한다. 홍주를 빚기 위해 붉은색을 내는 지초를 이용하는데 지초는 '자초', '자근', '지치'로도 불린다. 한방에서 지초는 독을 풀어 염증을 없애고 새살을 돋게 하는 효능이 있는 것으로 알려져 있는데, 이를 통해 진도 홍주가 음용뿐 아니라 치료의 목적으로도 쓰였음을 짐작할 수 있다. 진도 홍주는 쌀과 보리를 이용해 빚은 발효주를 증류할 때 증류주가 지초를 통과하게 만들거나 지초를 증류주에 침출시켜 그 색과 기능성 물질이 술에 녹아들게 하는 방법으로 빚는데, 독하며 아름다운 색을 지니고 있다.

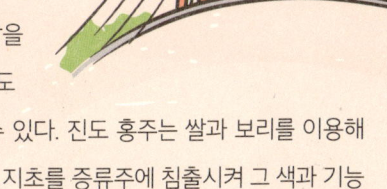

송화백일주(松花百日酒)

우리나라의 발효 식품이 다양하고 품질이 좋은 이유는 물이 좋기 때문이다. 특히 술은 물맛이 좌우한다. 우리나라의 모든 양조장들이 자리 잡고 있는 곳은 물이 좋은 곳이다. 그 중에서도 송화 백일주가 빚어지는 곳인 수왕사는 '물의 왕'이라는 의미를 가졌으니 술맛은 더 말할 필요가 없다. 좋은 쌀과 깨끗한 송화가루를 이용하여 발효주를 빚고, 이 술을 한 번 더 증류한 후 여기에 솔잎, 산수유, 오미자, 구기자, 꿀 등을 넣어 100일을 숙성시켜야만 송화 백일주의 맛을 볼 수 있다. 입 안에 은은하게 퍼지는 송화의 향이 그득하다.

竹瀝膏 죽력고
갈비구이, 꼬막회

갈비구이(생갈비구이)

재료 및 분량

소갈비 1kg , 상추 100g , 풋고추100g , 마늘 30g, 참기름 1큰술, 소금 적량

만드는 법

1. 갈비는 기름덩어리를 떼어 내고 너비 7cm 정도로 토막 낸다.
2. 토막 낸 갈비에 잔 칼집을 넣은 후 참기름을 발라 재워 둔다.
3. 달군 석쇠나 팬에 **2**의 갈비를 넣어 앞뒤로 노릇하게 굽는다.
4. 상추는 깨끗이 씻어 물기를 빼고, 풋고추는 어슷썰고, 마늘은 얇게 편으로 썬다.
5. 참기름에 소금을 넣어 섞은 기름장과 상추, 풋고추, 마늘을 곁들인다.

꼬막회

재료 및 분량

꼬막 500g, 실고추 약간

양념장_ 간장 4큰술, 다진 파 3큰술, 다진 마늘 2큰술, 다진 생강 2큰술, 고춧가루 1큰술, 깨소금 2큰술, 참기름 2큰술

만드는 법

1. 꼬막은 껍데기를 비벼 깨끗이 씻어서 연한 소금물에 담가 해감을 뺀다.
2. 꼬막을 끓는 물에 넣어 껍데기가 벌어지면 건져서 식힌다.
3. 꼬막의 살이 붙은 쪽 껍데기는 남기고 나머지 쪽 껍데기는 뗀다. 접시에 꼬막의 살이 위로 향하게 가지런히 담는다.
4. 분량의 재료를 고루 섞어 양념장을 만든다.
5. 양념장을 조갯살 하나하나에 조금씩 끼얹고 실고추를 올린다.

▪ 꼬막을 너무 오래 삶으면 단맛이 다 빠질 뿐만 아니라 살이 질겨지므로 살이 볼록하게 올라올 정도로 삶아야 한다.

梨薑酒 이강주
돼지고기구이, 쇠고기전

돼지고기구이

재료 및 분량

돼지고기(삼겹살) 400g

양념 고추장 3큰술, 다진 마늘 2큰술, 다신 생강 1큰술, 설탕 1큰술, 후춧가루 ½작은술, 소금 약간, 참기름 약간, 깨소금 약간

만드는 법

1. 삼겹살을 물기 없는 도마 위에서 적당한 크기로 썰어 놓는다.
2. 고추장, 다진 마늘, 다진 생강, 설탕, 후춧가루, 소금, 참기름, 깨소금을 섞어 양념을 만든다.
3. 삼겹살에 양념을 발라 재워 둔다.
4. 숯불 위에 석쇠를 놓고 양념에 재워 둔 삼겹살을 올려 서서히 익힌다.

쇠고기전

재료 및 분량

쇠고기 300g, 밀가루, 달걀, 식용유 적량

양념 간장 2큰술, 설탕 1큰술, 참기름 1큰술, 깨소금 1큰술, 다진 파, 다진 마늘, 후춧가루 약간

만드는 법

1. 쇠고기는 얇게 저며서 잔 칼집을 넣어 분량의 양념에 재워 둔다.
2. 고기에 간이 배면 밀가루를 묻히고 달걀 물에 담갔다가 팬에 식용유를 두르고 타지 않게 부친다.

松花百日酒 송화백일주
죽순초무침, 도토리묵전

죽순초무침

재료 및 분량

죽순 400g

양념_ 고추장 2큰술, 식초 2큰술, 설탕 2큰술, 다진 파 1큰술, 다진 마늘 ½큰술, 통깨 적량

만드는 법

1. 죽순은 쌀뜨물에 삶아 길이 5cm, 두께 0.2cm로 빗살무늬를 살려 썬다.
2. 분량의 재료로 초고추장 양념을 만들어 무쳐낸다.

▮ 오징어, 골뱅이 각종 채소와 같이 무쳐도 좋다.

도토리묵전

재료 및 분량

도토리묵 200g, 풋고추 15g(1개), 붉은 고추 15g(1개), 달걀 50g(1개), 식용유 1큰술

초고추장_ 고추장 1큰술, 식초 1큰술, 설탕 1작은술, 깨소금 1작은술, 참기름 약간

만드는 법

1. 도토리묵은 가로 3cm, 세로 4cm, 두께 1cm 크기로 납작하게 썬다.
2. 풋고추, 붉은 고추는 씨를 빼고 곱게 다진다
3. 달걀흰자로 백색지단을 부쳐 곱게 다진다.
4. 팬을 달구어 식용유를 두르고 도토리묵을 지진다.
5. 다진 풋고추, 붉은 고추, 백색지단을 고명으로 얹고 초고추장을 곁들인다.

珍島紅酒 진도홍주

낙지연포탕, 전어구이

낙지연포탕

재료 및 분량

산낙지 1kg(4마리), 미나리 30g, 풋고추 30g(2개), 붉은 고추 30g(2개), 대파 10g(¼뿌리), 물 1.6L(8컵), 다진 마늘 1큰술, 소금 적량, 참기름 약간, 통깨 약간

만드는 법

1. 산낙지를 소금물에 담가 훑어 내리면서 찬물에 깨끗이 씻는다.
2. 미나리는 다듬어 길이 5cm로 썰고, 대파는 폭 0.3cm로 어슷하게 썬다.
3. 풋고추와 붉은 고추는 씨를 발라내고 다진다.
4. 냄비에 물을 붓고 낙지와 미나리, 대파, 다진 고추, 다진 마늘을 넣고 국물의 색이 빨갛게 될 때까지 끓인다.
5. 소금으로 간을 하고 참기름과 통깨를 넣는다.

▌ 국물은 다시마를 끓여 만들거나 바지락이나 맛살 등의 조갯살을 끓여서 만들기도 한다. 또한 지역에 따라서
▌ 장국국물 없이 물을 이용하기도 하며 소금 대신에 청장으로 간을 맞추어 고춧가루나 식초를 약간 넣어 끓이기도 한다.

전어구이

재료 및 분량

전어 2마리, 소금 약간

만드는 법

1. 전어는 내장을 제거하지 않고 비늘을 긁어 낸 다음 등에 2~3개 칼집을 넣고 소금을 뿌린다.
2. 숯불 위에 석쇠를 놓고 전어를 얹어 노릇노릇하게 굽는다.

▌ 신선한 전어는 비늘과 지느러미, 꼬리만 제거하고 내장을 제거하지 않은 채 구이에 이용한다.

우리나라의 名酒 제주도

오메기술

제주 성읍 민속 마을에 가면 쉽게 만나 볼 수 있다. 오메기술을 빚기 위해서는 우선 좁쌀을 가루내 익반죽하고 도넛처럼 가운데에 구멍을 내어 떡을 만드는데, 이를 '오메기떡'이라 하며 이 떡을 이용해 술을 빚는다. 오메기술과 같은 방식으로 떡을 만들어 빚는 술은 이화주, 동정춘 등이 있는데, 모두 꿀처럼 단맛이 강한 술을 제조 할 때 이와 같이 떡을 만들어 술을 빚어 낮은 도수의 단맛이 강한 술이다. 제주도는 토양이 척박하여 쌀농사가 어렵기 때문에 대부분 조와 같은 잡곡을 이용한 술이 전승되어 오고 있다.

고소리술

고소리술은 차조를 이용해 빚은 오메기술을 증류해야 얻을 수 있다. 전통적으로 소주를 내리는 도구를 '소줏고리'라고 하는데 흙으로 만들면 '토고리', 동으로 만들면 '동고리', 쇠로 만들면 '쇠고리'라 한다. 또한 솥뚜껑을 거꾸로 덮어 소주를 얻는 방식이 있는데 이것을 '는지'라고 한다. 그런데 제주도에서는 소줏고리를 '고소리'라고 부르기 때문에 고소리술 이라는 이름이 붙은 것이다. 알코올 도수 30%로 아주 독하지도 약하지도 않다. 이는 고소리술을 빚는 오메기술의 알코올 도수가 낮기 때문이다. 고소리술의 특징은 맛이 매우 부드럽다는 것이다.

오메기술
고사리누름전, 전복회

고사리누름전(고사리전, 느리미전)

재료 및 분량
삶은 고사리 100g, 실파 100g, 달걀 250g(5개), 소금 3작은술, 참기름 1작은술, 식용유 적량

만드는 법
1. 삶아 물에 담가 우려낸 고사리는 길이 10cm로 썰어 소금과 참기름으로 간을 하고, 실파는 길이 10cm로 썬다.
2. 팬을 달구어 식용유를 두른 후 풀어 놓은 달걀을 10cm 정사각형으로 부어 그 위에 고사리와 실파를 얹고 다시 달걀물을 씌워 약한 불에서 노릇하게 지져 낸다.

> 제주도 산간지방의 고사리는 산에 나는 고기라 하여 맛이 좋기로 유명하며,
> 고사리누름전은 명절이나 제사 때 반드시 올리는데, 귀신이 와서 보자기 대용으로 음식을 싸서 간다는 유래가 있다.

전복회

재료 및 분량
전복 200g, 오이 150g(1개), 미나리 100g, 쑥갓 50g

양념_ 된장 5큰술, 참기름 1큰술, 다진 파(또는 부추) 4작은술, 다진 마늘 2작은술, 깨소금 2작은술, 고춧가루 2작은술, 생강즙 1작은술, 설탕 1큰술

만드는 법
1. 전복은 고운 솔로 문질러 씻은 뒤 살을 떼어내고 내장은 터지지 않게 따로 떼어 둔다.
2. 전복살을 얇게 저며 썬 다음 두께 0.2cm로 곱게 채 썬다.
3. 미나리와 쑥갓은 깨끗이 씻어 다듬은 후 길이 4cm로 썰고, 오이는 길이로 2등분하여 얇게 어슷 썬다.
4. 전복살과 오이를 양념장을 넣고 섞어 무친다.

고소리술

돼지고기산적, 모자반전

돼지고기산적(돼지고기적갈)

재료 및 분량

돼지고기 600g, 소금 ½큰술, 된장 1큰술, 식용유 적량

양념_ 다진 파 2큰술, 다진 마늘 1큰술, 소금 2작은술, 깨소금 2작은술, 참기름 1큰술

만드는 법

1. 돼지고기를 찬물에 넣고 소금과 된장을 넣어 삶는다.
2. 삶은 돼지고기는 길이 7cm, 너비 1.5cm, 두께 0.5cm 직사각형으로 썰어 양념한다.
3. 꼬치에 **2**의 양념한 돼지고기를 9개 정도 끼우고 달구어진 팬에 식용유를 두르고 노릇하게 지진다.

> 제사상에 반드시 올리며 적의 크기와 길이는 가정에 따라 조금씩 다른데, 양념할 때 마늘을 쓰지 않는 가정도 있다.
> 돼지고기를 삶지 않고 그대로 양념하여 지지기도 하며,
> 손님 접대 시에는 돼지고기와 풋마늘을 살짝 데쳐 번갈아 끼워 만든 돼지고기풋마늘산적을 만들어 접대해도 좋다.

모자반전(몸전)

재료 및 분량

모자반 200g, 메밀가루 300g, 다진 돼지고기 200g(1컵), 신김치 100g, 소금 1작은술, 반죽물, 식용유 적량

양념_ 간장 1큰술, 깨소금 ½큰술, 참기름 ½큰술, 생강즙 1작은술, 다진 마늘 1큰술

만드는 법

1. 메밀가루에 소금을 넣고 물을 부어 가며 묽게 반죽한다.
2. 모자반은 잘게 썰고, 신김치도 물기를 꼭 짠 후 잘게 썬다.
3. 다진 돼지고기를 양념으로 고루 버무린다.
4. 반죽한 메밀가루에 모자반, 신김치, 양념한 돼지고기를 넣고 고루 섞는다.
5. 팬에 식용유를 두르고 반죽을 한 국자씩 떠 넣어 둥글게 펴서 지진다.

저자소개

이한숙

현) 사단법인 우리음식문화연구원장 (농림축산식품부 전통주교육 훈련기관 제 10호)
현) 경기대학교 외식조리과학과 외래교수

[학력사항]
- 경기대학교 관광전문대학원 외식산업경영 관광학박사
- 명지대학교대학원 식품양생학과 한국전통음식문화전공 식문화학석사

[연구논문]
- 한식프랜차이즈 브랜드개성이 브랜드자산과 브랜드 충성도에 미치는 영향
- 홍국쌀의 첨가량과 누룩의 종류를 달리한 홍국막걸리의 품질특성
- 특허 : 모나콜린 K의 함량이 증진된 홍국막걸리 및 이의 제조방법
  (특허출원 제 10-2012-0011457호)

[저서]
- 배꽃 피는 날, 전통발효주 이화주를 만나다
- 한국의 음식문화와 전통음식

[수상경력]
- 농림축산식품부 장관상- 한국관광음식박람회 향토음식과 향토주 부문
- 농림축산식품부 장관상- 한국관광음식박람회 떡 부문
- 보건복지부 장관상- 한국관광음식박람회 발효음식 부문
- 서울특별시장상- 서울시 디자인 한마당 민속주 부문
- 서울특별시장상- 한국관광음식박람회 한과 부문
- 식약청장상- 한국관광음식박람회 김치 부문

조현선

- 현) 향음주례연구소 원장
- 현) 우송대학교 조리학과 교수
  - 서울시 무형문화재 제8호 삼해주(약주)일반 전수자
  - 사)한국조리기능인협회 이사

[학력사항]
- 명지대학교 대학원 식품양생학과 전통음식문화전공 (식문화학)석사

[수상경력]
- 대통령상수상 '2015' 서울국제요리경연대회 한국음식전시(북한음식) 단체전 외 농림축산식품부 장관상 외 다수

[주요경력사항]
- 2004년~현재 : KBS1TV무엇이든지물어보세요(전통음식연구가)다수출연
- 2007년~ 현재 : 사)한국전통음식연구소 해외 전통음식 전시·홍보 팀원활동
- '2010년', '2012년' 대한민국 우리 술 품평회 심사위원 위촉
- '2016년', '2017년' 전주국제 비빔밥축제 심사위원 위촉

김정숙

- 현) 배화여자대학교 전통조리학과 겸임교수
- 현) 경기대학교 외식조리과학과 외래교수
- 현) 사단법인 우리음식문화연구원 상임이사

[학력사항]
- 경기대학교 일반대학원 외식경영학박사

[수상경력]
- 농림축산식품부 장관상 제 88497호 - 외식지도전문컨설턴트 과정
- 농림수산식품부 장관상 제 79284호 - 한국음식관광박람회 향토음식 부문
- 보건복지부 장관상 제10247호 - 한국음식관광박람회 발효음식부문

참고문헌

수운잡방(需雲雜方) 1552.

주방문(酒方文) 1600.

부상록(扶桑錄) 1656.

문견별록(聞見別錄) 1656.

음식디미방(飮食知味方, 규곤시의방) 1670.

요록 (要錄) 1680.

술 만드는 법 17C~18C

산림경제 (山林經濟)1715.

오주연문장잔산고(五洲衍文長箋散稿) 1750 - 1815

증보산림경제(增補山林經濟)1766.

역주방문(歷酒方文) 1800.

규합총서(閨閤叢書)1815.

임원십육지(林園十六志) 1827.

양주방(釀酒方) 1837.

김승지댁주방문(金承旨宅酒方文) 1860.

고사십이집(故事十二集) 1787

조선무쌍 신식요리제법 (朝鮮無雙新式料理製法) 1943.

한국의 전통 민속주, 이효지, 한양대출판사, 1996

한국식경대전 - 식생활사 문헌연구, 이성우 ,향문사 , 1998

전통주제조기술, 배상면,배상면주류연구소, 2002

우리나라술의발달사, 정동효. 신광출판사, 2004

아름다운 우리술, 질시루, 윤숙자, 권희자, 2007

동의보감, 조헌영 외, 여강, 2007

술만들기, 미진사, 권희자, 2011

풀어쓴 고문헌 전통주제조법,농업진흥청 국립농업과학원, 2011

한국전통발효주 이화주를 만나다,새로미,이한숙,신송이, 박경심, 김선희, 2012

한국전통주교과서,교문사,유인수, 2014